Du Transvaal

à

Lourenço Marques

LETTRES

de Mme Ruth Berthoud-Junod

DE LA MISSION ROMANDE

PUBLIÉES PAR

GASTON DE LA RIVE ET ARTHUR GRANDJEAN

LAUSANNE

GEORGES BRIDEL & Cie ÉDITEURS

1904

AU LECTEUR

A l'issue d'une conférence sur la Mission
romande, qu'il vint faire à Jussy en 1901,
M. Grandjean me demanda si je serais disposé
à publier une partie de la correspondance de
Mme Berthoud-Junod. J'accédai à ce désir et je
me mis tout de suite avec un vif intérêt à ce
travail, dont voici le commencement; je suis
tout prêt à continuer cette publication si les
amis de la Mission m'y encouragent.

Je tiens à dire ici toute mon admiration pour
notre cher missionnaire Paul Berthoud et à
relever le courage, la persévérance, la foi qu'il a
montrée, lorsqu'il retourna en Afrique en 1884.

Il venait d'épouser Mlle Ruth Junod, qui, par-
tageant le dévouement de son mari, allait entre-

prendre dans le sud de l'Afrique un nouveau champ de mission, lequel, grâce à Dieu, fut richement béni.

En 1894, M. et Mme Paul Berthoud firent un séjour en Suisse et prirent au milieu de leurs parents et amis un temps de repos bien mérité. En juin 1896, ils s'embarquaient de nouveau pour continuer leur œuvre à Lourenço Marques. Cinq ans après, en février 1901, notre cher missionnaire eut la douleur de perdre cette compagne qui avait été pour lui une si précieuse collaboratrice.

« Heureux sont les morts qui meurent au Seigneur, car ils se reposent de leurs travaux, et leurs œuvres les suivent. » (Apoc. XIV, 13.)

Presinge près Genève, juillet 1904.

GASTON DE LA RIVE.

PRÉFACE

M. de la Rive a dit plus haut comment il a été amené à préparer le présent volume. Le voyant disposé à continuer en faveur de la Mission le travail qu'il avait si bien inauguré par la publication des *Lettres missionnaires de M. et Mme Paul Berthoud*[1], l'idée nous est venue de lui demander de faire la même chose pour les lettres de Mme Ruth Berthoud-Junod, la seconde femme de M. Paul Berthoud. Nombreux sont les amis de la Mission qui ont joui autrefois de la lecture de fragments de ces lettres publiés soit dans les *Nouvelles de nos missionnaires*[2], soit dans le *Bulletin de la Mission romande*[3]. En comparant les lettres originales que la famille de Mme Berthoud a bien voulu nous confier, avec ce qui en a été livré au public par ces deux publications, nous avons

---

[1] Lausanne, Georges Bridel & Cie éditeurs, 1900.

[2] Organe de la Société neuchâteloise des Missions, paraissant tous les deux mois à Fontaines (Neuchâtel) : Imprimerie Ed. Sack, L. Bourgeois successeur.

[3] Mensuel : Georges Bridel & Cie, Lausanne.

pu nous convaincre qu'une foule de détails intéressants étaient restés inédits. Du reste un journal mensuel ne peut publier les récits d'une même personne que peu à peu, par petites tranches et en les noyant dans d'autres récits, de sorte que l'attention est nécessairement éparpillée. Nous avons donc estimé que M. de la Rive ferait œuvre utile en réunissant en un volume les lettres originales de Mme Ruth Berthoud-Junod. Nous ne doutons pas que le public, après l'avoir lu, ne nous donne raison. Les scènes décrites sont si vivantes, les détails si pittoresques, le style si primesautier, qu'il est impossible de ne pas être captivé par cette lecture.

Nous ne présentons aujourd'hui au public qu'une petite partie des lettres de Mme Berthoud, celles qui décrivent le voyage accidenté du Transvaal à Lourenço Marques et le premier établissement au Littoral (avril à décembre 1887). Nous avons arrêté le récit au moment où M. et Mme Berthoud s'installaient dans leurs cabanes provisoires et où l'Eglise était définitivement fondée par le baptême des premiers néophytes à Rikatla et à Lourenço Marques. Nous pouvons donc regarder ce volume comme l'histoire intime des origines de la Mission romande au Littoral, ce qui lui donne un intérêt tout particulier.

A un autre point de vue encore, ce petit volume est intéressant. Le récit du voyage, contenu dans les premiers chapitres, nous montre le Transvaal tel qu'il était il y a seize ans, avec ses bons et ses mauvais côtés.

La famille boère, les réunions religieuses, les relations entre blancs et noirs, les premières rencontres avec les chercheurs d'or, tout cela est décrit au jour le jour, sans aucun parti pris, et contribue à jeter une singulière lumière sur ce pays qui, depuis quelques années, sollicite si fortement l'attention de l'Europe.

Les lettres originales prennent souvent la forme du journal avec, à l'occasion, des retours en arrière pour raconter tel trait qui a été omis. Pour faciliter la lecture, nous nous sommes permis d'enlever la plupart des dates, de couper le récit en chapitres et de remettre à leur place historique certains détails donnés rétrospectivement. De cette façon, le récit a quelque chose de plus suivi et laisse une idée plus nette.

La plupart des illustrations sont faites d'après des photographies prises par M. Berthoud lui-même.

Dans la partie la plus accidentée du voyage cependant, avant et après Lydenburg, nous aurions manqué d'illustrations, si M. F. H. Gros n'avait pas mis obligeamment à notre disposition l'admirable collection de photographies qu'il a prises lui-même au Transvaal, il y a un certain nombre d'années. Nous lui en exprimons ici toute notre reconnaissance.

Pour Lourenço Marques et les environs, nous avons profité de quelques photographies plus récentes prises par MM. Lenoir, Borel et Benoît.

Pour que les lecteurs aient une idée complète de l'état dans lequel M. et Mme Berthoud ont trouvé la congrégation naissante de Lourenço Marques et du district environnant, nous avons ajouté, comme appendice, la portion essentielle du rapport présenté au conseil de la Mission, par M. P. Berthoud, en octobre 1887. Les deux illustrations introduites dans cet appendice montreront le chemin parcouru par cette Eglise naissante dans l'espace de dix à quinze ans.

Celle qui a écrit ces lettres si fraîches, celle qui a partagé avec son mari toutes les préoccupations imposées par cette Eglise naissante est maintenant dans la gloire. M. Berthoud lui-même a dû laisser à d'autres une tâche devenue beaucoup trop considérable pour sa constitution affaiblie. Mais quelle belle œuvre il leur a été donné d'accomplir pendant les quatorze années qu'ils ont passées ensemble dans cet admirable champ de Mission du Littoral portugais.

A. GRANDJEAN.

Tombe de Mme Ruth Berthoud-Junod au cimetière de Durban
(Natal).

INTRODUCTION HISTORIQUE

C'est en 1884 que M. Paul Berthoud commença sa seconde période d'activité en Afrique, accompagné de la femme distinguée dont nous publions aujourd'hui la correspondance. Bien des changements s'étaient produits dans la Mission depuis qu'il l'avait quittée en 1880. M. H. Berthoud avait pris la direction de la station de Valdézia et M. Auguste Jaques celle d'Elim. M. Creux, qui avait été, avec M. P. Berthoud, le fondateur de l'œuvre en 1875, était en route pour l'Europe.

Comme les deux stations alors existantes étaient pourvues de missionnaires et que M. P. Berthoud avait des connaissances médicales assez étendues, il fut décidé qu'il s'occuperait essentiellement du soin des malades et qu'il résiderait dans l'ancien établissement de Valdézia, le berceau de la Mission, tandis que son frère, M. H. Berthoud, occupait la maison nouvellement construite un peu plus haut.

La jeune Eglise indigène avait grandi pendant les quatre années que M. Berthoud avait passées en Europe et ses membres commençaient à se rendre compte de leurs devoirs envers la grande tribu Thonga des bords de l'océan Indien, à laquelle ils appartenaient. En 1880, un chrétien indigène, du nom de Yosefa, était allé à la recherche de ses sœurs, qu'il n'avait pas revues depuis une vingtaine d'années et il avait retrouvé l'une d'entre elles au Swaziland, l'autre, aux environs de Lourenço Marques. L'année suivante, envoyé par M. Creux pour sonder les dispositions des chefs, il avait trouvé un champ de travail plein de promesses chez le chef Magoude, à 120 kilomètres au nord de Lourenço Marques. En 1882, il s'était établi définitivement chez ce chef, d'où il faisait de fréquentes visites au petit groupe de chrétiens qui s'était formé à 24 kilomètres au nord de Lourenço Marques, autour de sa sœur Loïs et de son beau-frère Eliachib.

En 1885, MM. H. Berthoud et E. Thomas (ce dernier arrivé en Afrique avec M. P. Berthoud) se mettent en route pour visiter l'œuvre du Littoral. A leur passage chez Yosefa, ils apprennent que le chef Magoude vient de mourir et que son peuple est loin d'être aussi favorable

Habitation de M. & Mme P. Berthoud à Valdézia.

à l'Evangile qu'il l'était lui-même. Plus au sud, ils trouvent un petit troupeau très zélé, très fervent, mais aussi très ignorant, réuni autour d'Eliachib et de Loïs et étendant ses ramifications jusqu'au Tembé, au sud de Lourenço Marques. Les agents principaux qui travaillent à l'évangélisation du pays sont deux jeunes filles nouvellement converties : Ruth, fille d'Eliashib, et son amie Martha.

Les directions divines étaient claires : cette œuvre naissante devait être surveillée et étendue. Tandis qu'ailleurs les serviteurs de Dieu devaient souvent annoncer l'Evangile pendant des années avant de voir une seule conversion, ici les conversions se produisaient spontanément, à la première rencontre. Cette œuvre pourrait-elle continuer à être dirigée par des évangélistes indigènes envoyés des Spelonken, ou un missionnaire blanc devait-il aller s'établir au Littoral ? telle est la question qui fut discutée en Afrique et en Europe aussitôt que les voyageurs eurent fait leur rapport. La grosse difficulté venait de l'insalubrité du climat : tous ceux qui connaissaient Lourenço Marques déclaraient à nos frères que, à la longue, les blancs ne pouvaient pas y vivre. N'appelait-on pas cette colonie le « tombeau des blancs ? »

Sur ces entrefaites, une escouade de chrétiens indigènes se met en route en 1886 pour aller, à son tour, visiter le petit troupeau. Leurs nouvelles montrent à quel point l'œuvre se développe, à quel point les cœurs sont ouverts! D'autre part, chez Yosefa les jeunes convertis sont menacés, il semble qu'on soit à la veille d'une persécution. Le moment de discuter était passé : Dieu avait donné le signal, il fallait agir. C'est ce que comprirent les deux pionniers de la Mission, M. E. Creux, alors en Europe, et M. P. Berthoud à Valdézia. Sans avoir pu se consulter préalablement, ils offrent tous deux spontanément leurs services pour cette nouvelle tâche aussi difficile que périlleuse.

« Aux Spelonken, écrit M. Creux[1], nous ne sommes que sur les confins du paganisme, sur la côte nous entrons en plein dans un travail qui semble à tous égards plus important et plus hérissé de difficultés de tout genre. Mais nos expériences et surtout nos délivrances passées nous sont un gage des délivrances à venir.

» Pour moi, c'est un fait acquis : nous ne pouvons laisser Yosefa plus longtemps seul, et dans les circonstances particulièrement difficiles dans

[1] Lettre du 17 juin 1886, *Bulletin missionnaire*, tome VI, p. 108. (Octobre 1886.)

lesquelles il se trouve, il a besoin de secours. Ces jeunes gens qui viennent de le quitter auraient peut-être tenu bon, s'il y avait eu là quelqu'un qui eût pu les protéger contre la fureur de leur chef. D'après le récit de M. H. Berthoud, il y a dans ces populations un grand désir d'entendre l'Evangile, leur curiosité, leur intérêt sont excités, l'appel est certain : « Passez en Macé-» doine. »

» Une expédition chez Magoude ayant besoin, pour être dirigée, de quelqu'un qui connaisse l'Afrique et le gouamba, je ne vois pas comment je puis faire autrement que d'accepter cette nouvelle tâche si l'Eglise m'y appelle. Il est peut-être providentiel que je me trouve en Europe et libre de m'engager dans une nouvelle entreprise. »

M. P. Berthoud, de son côté, après avoir raconté comment, devant les menaces de persécution, plusieurs jeunes gens de l'entourage de Yozefa sont revenus en arrière, conclut en ces termes [1] :

« N'est-ce pas nous, Suisses romands, qui avons été envoyés auprès de ce peuple ? Ceux qui souffrent ne sont-ils pas les enfants de nos Eglises ? Pourrions-nous demeurer en place et

[1] Lettre datée 17-23 juillet 1886. *Bulletin missionnaire*, tome VI, p. 110 et suiv.

dans la joie quand ils souffrent?... Le dirai-je? c'est comme si j'entendais de nouveau ma vocation, et je ne saurais résister à la voix de ma conscience. Ne serait-ce pas la voix de l'Esprit? J'entendis la voix du Seigneur disant : « Qui » enverrai-je, et qui marchera pour nous? Je ré- » pondis : Me voici, envoie-moi. » (Esaïe VI.) Voilà pourquoi j'ai dû m'offrir à la Conférence et, par elle, au Conseil, pour qu'on m'envoie auprès des persécutés, si le Seigneur le veut.

» Du reste, à côté de cet horizon orageux et noir on voit briller là-bas un point lumineux qui attire les regards, et qui, à son tour, fournit un pressant motif de fonder une station sur la côte. Voici en effet ce que je lis au sujet du chef Mapounga dans la lettre de Yosefa : « Eliachib, » Makhani et Mozila sont allés chez Mapounga. » Quand celui-ci les vit, il fut fort joyeux ; il » prit Eliachib à part et lui demanda :

» — Pourquoi n'est-il [1] pas venu jusqu'ici?

» Il prit l'étoffe et dit à son conseiller :

» — Tu vois, les blancs d'ici, je n'en ai pas » encore vu un me donner une pièce d'étoffe » telle que ça.

[1] Il, c'est-à-dire M. Henri Berthoud, qui en 1885 avait envoyé à Mapounga une pièce d'étoffe en cadeau, comme carte de visite, pour lui exprimer ses regrets de n'avoir pu aller chez lui.

» Puis il ajouta :

» — Est-ce qu'il reviendra ?

» Eliachib répondit :

» — Je n'en sais rien. Si Dieu le permet, ils
» viendront. Mais lors même qu'il désire venir,
» si Dieu ne le lui permet pas, d'autres vien-
» dront.

» Alors Mapounga dit :

» — C'est bien. Pourvu seulement qu'ils se
» hâtent de venir pendant que je vis encore !

» Puis il ajouta :

» — Et toi, Eliachib, cette puissance magi-
» que qu'on dit que tu as, où est-elle ? Montre-
» la-moi.

» Eliachib de produire son *Boukou* et de le
» lui montrer. Sur quoi le chef nègre s'écrie :

» — Ah ! c'était de ce livre qu'ils parlaient !
» Garde-le bien, ne le laisse pas. Ainsi nous
» sommes conquis par ce livre seulement ! Si ce
» blanc revient, je serai bien heureux.

» *Conquis par ce livre !... Qu'ils se hâtent de
venir avant que je meure !* voilà des expressions
qui signifient quelque chose. Elles me paraissent
même avoir plus de force que le : « Passe en
» Macédoine et viens nous secourir. » Je sais
bien qu'il faut faire la part du point de vue in-
téressé d'un païen qui a reçu un cadeau. Néan-

moins cette explication ne suffit pas ; il y a dans ces paroles un cri du cœur, un élan de l'âme ; et · je trouverais étrange qu'on se laissât arrêter par la pensée que cet élan doit être un feu de paille. Qui en donnera la preuve ? Les prières de l'Eglise ne pourront-elles rien pour que ce feu soit alimenté à la gloire de Dieu, et pour qu'attisé par le souffle de l'Esprit, il couvre bientôt d'un embrasement spirituel toute la patrie des Gouamba ?

» Le grand obstacle à l'envoi d'un missionnaire, c'est le climat, qu'on dit mauvais.... Le Maître de la moisson demandera-t-il le sacrifice d'une vie d'homme ? Dans ce cas, nulle n'est moins précieuse que la mienne : je veux dire que, n'ayant plus d'enfants, je ne laisserais point d'orphelins. Nous n'avons, ma chère compagne et moi, qu'un sentiment et nous sommes au Seigneur. Nous servons un tendre Père qui n'oublie pas les passereaux. Souffrir pour lui, donner sa vie pour lui, c'est un privilège et un honneur. Dirai-je que nous avons tout pesé ? Plutôt le contraire, parce qu'à chaque jour suffit sa peine. C'est notre Dieu qui a tout pesé, et il pourvoira. Aujourd'hui, il nous dit : « Tenez-» vous prêts à marcher ; » mais nous ne savons ce qu'il nous dira demain.

» En vertu de tout ce qui précède, je m'attends à ce que le Conseil m'envoie fonder au mois de juin de l'année prochaine la station demandée par la Conférence. Le Conseil en jugera-t-il autrement ? C'est possible ; il lui incombe d'en décider. Sa décision sera pour moi la manifestation de la volonté de Dieu. Il y a partout des renoncements à accepter et je puis déjà en prévoir de très douloureux et difficiles : mais, dans les plus grands comme dans les moindres, l'Eternel y pourvoira ; il sait de quoi nous sommes faits. C'est dans le calme et la confiance que sera notre force. »

Quelque temps plus tard, M. Creux devait, pour raisons de santé, retirer ses offres de services et, le 25 octobre, le Conseil de la Mission annonçait au public qu'il avait accepté les propositions de la Conférence des missionnaires et de M. P. Berthoud et chargé ce dernier d'aller organiser l'œuvre du Littoral.

D'excellentes nouvelles, arrivées en Suisse peu de temps après cette décision, vinrent mettre sur elle le sceau de l'approbation divine. « Un réveil magnifique a eu lieu au Littoral, écrivait M. Jaques le 15 septembre. Près de cinquante personnes, hommes, femmes, jeunes gens se sont convertis à Jésus-Christ, et l'œuvre se poursuit....

Oui, gloire à l'Eternel! Son bras n'est pas raccourci pour pouvoir sauver les individus et les peuples. »

Le 29 septembre, une grande assemblée des chrétiens des Spelonken, réunis à Valdézia, écoutait avec émotion les récits des voyageurs revenus du Littoral. Un de leurs auditeurs, enthousiasmé, du nom de Zébédée, s'offre à partir immédiatement pour porter secours à Yosefa et trois de ceux qui venaient de rentrer demandent d'être envoyés de nouveau au Littoral l'année suivante, non plus pour une visite, mais pour s'y établir définitivement.

C'est ainsi que fut recruté le personnel de l'expédition que nous allons suivre en lisant les récits de Mme Berthoud. Heureux missionnaires, heureux évangélistes qui ont reçu un appel aussi direct d'En haut! Les difficultés seront grandes en voyage et à l'œuvre; mais ils pourront toujours puiser courage et énergie dans la persuasion que c'est Dieu qui les a envoyés.

C'est vers la fin de l'année 1886 qu'on apprit à Valdézia la décision du Conseil de la Mission, et c'est à Pâques 1887 que l'expédition se mit en route.

I

LE VOYAGE

CHAPITRE I

Le départ.

Fête de Pàques à Valdézia. — Réunion d'adieux. — Comment on enseigne le chant. — Prévenances mutuelles des évangélistes. — Photographie peu ressemblante. — Chargement du wagon. — Histoire d'une petite carriole. — Anes récalcitrants. — Quatre jours de retard. — La première *stickée*.

Nos fêtes de Pâques se sont passées tout tranquillement. Vu l'absence de mon beau-frère Henri [1], mon mari a présidé les cultes; le soir du Vendredi saint, il s'est borné à un culte liturgique de lectures et de chants. Dans sa simplicité, ce culte était émouvant et a fait impression sur nos gens. Même, au milieu d'un cantique, nous entendons tout à coup des sanglots et des lamentations; je lève les yeux, pensant voir quelque vieille femme en larmes; c'était Zakaria,

[1] M. Henri Berthoud, missionnaire de Valdézia.

un de nos hommes les plus grands, en stature, qui avait complètement perdu tout empire sur lui-même. Après la fin du cantique, quand tout le monde se fut rassis, il resta debout continuant à pleurer tout haut. Mon mari attendit que le pauvre homme fût calmé pour reprendre sa lecture. On sentait qu'un rien aurait suffi pour faire sangloter toute l'assemblée, et, involontairement, je me disais que, si l'armée du salut travaillait par ici, elle n'aurait pas de peine à exciter des scènes !

Déjà, pendant ces fêtes, nous ne nous sentions plus guère *at home*. Notre maison était toute bouleversée, la moitié des choses étant déjà emballées. Deux semaines plus tard eut lieu, à Valdézia, la réunion d'adieux. Nous devions partir le vendredi suivant; c'était donc notre dernier dimanche à Valdézia.

Cette journée d'adieux fut excellente et encourageante à tous égards. Le matin, mon mari présidait, et, après avoir fait ses adieux, il donna la parole à Timothée et à Jonas pour qu'ils fissent de même. L'après-midi, c'était le tour de M. Jaques; il fit d'abord parler Matsivi et Zakaria, puis il nous souhaita, à nous et aux quatre évangélistes, bon voyage, de la part de l'Eglise des Spelonken. Il le fit avec cœur, comme c'est son habitude. Puis plusieurs de nos hommes parlèrent après lui: tous leurs discours furent excellents, rien d'exagéré et point de flatteries; nous en étions bien aises, car nos gens sont facilement disposés à flatter. Le matin, Jonas avait dit que cela lui faisait de la peine de devoir constater, en quittant Barcelona, que *pas une femme* de cette annexe n'était capable de lire. Jonathan reprit le sujet, en exhortant fortement les femmes à laisser de côté leur paresse et à ne pas s'imaginer, comme elles le font, que la science n'est que pour les hommes. Il fit, en outre, d'excellentes recommandations aux femmes des évangélistes qui partaient, en leur montrant combien le ministère de leurs maris pouvait être entravé par leur mauvaise volonté et leur mauvais exemple; il s'adressa tout spécialement à Makondjoua, la femme de Jonas, l'exhortant à laisser aux Spelonken sa mauvaise langue et à devenir une vraie aide pour son mari. Vous pouvez juger de nos assemblées par ce fait et constater que nous sommes *en famille* dans ces réunions. Ils nous témoignèrent naturellement tous leurs regrets de nous voir partir: c'était la note dominante; mais à côté de cela, il y avait de la joie et de la reconnaissance de ce que la bonne nouvelle allait être prêchée au milieu des populations qui n'ont pas encore de missionnaires. Plusieurs nous promirent leur visite pour l'année prochaine ou les suivantes. Il est probable, en effet, que nous verrons quelquefois des chrétiens des Spelonken ; ils ont maintenant pris l'habitude des voyages à la côte.

J'ai profité de ce que toute l'Eglise était rassemblée pour faire exercer le cantique que nous avons préparé pour l'arrivée de M. et Mme Schlæfli. L'assemblée était très nombreuse, et c'était intimidant je vous assure, de monter à la tribune pour diriger tout ce monde. Je ne m'étais jamais vue à la tête d'un chœur pareil! Somme toute, l'exécution ne fut pas trop mauvaise, et en quoi j'ai pu constater un progrès qui m'a réjouie, c'est qu'on *crie* moins. C'est Gédéon qui devra mener la bande le jour de l'arrivée. Je lui ai appris à trouver le ton avec son diapason.

Tous les derniers temps, nous avons encore copié de la musique, exercé, chanté ensemble. C'est que j'ai enfin réussi à réunir la musique de tous nos chants gouamba. C'est un fameux souci de moins pour moi. J'aurais voulu encore les copier tous pour les laisser aux Spelonken, mais je n'ai pas pu finir et je devrai les envoyer plus tard. Il y a plusieurs de ces chants qu'on ne savait que par tradition et dans lesquels s'étaient glissées d'affreuses fautes d'harmonie qui nous écorchaient les oreilles. J'ai dû les arranger et les écrire à trois ou quatre voix. Maintenant qu'ils sont corrigés et arrangés, on a du plaisir à les entendre, et nos noirs savent très bien apprécier la différence, au moins les intelligents qui ont le sens musical développé. Ils disent que maintenant « ils se régalent à les chanter. » J'avoue que cela me fait de la peine de quitter ma classe de chant de Valdézia, avec laquelle j'avais vraiment du plaisir, pour m'en aller tout recommencer dans un autre endroit. Telle est la vie.

Nos jeunes gens revenus du Lessouto seconderont bien les missionnaires, je l'espère, dans l'enseignement du chant. Ils ont aussi copié tous les chants que j'avais donnés à Gédéon et en ont exercé quelques-uns avec moi. Ils m'ont tous demandé des diapasons!

Ces chers garçons! Savez-vous qu'ils sont de ceux que nous avons le plus de peine à quitter? Nous nous sommes tellement attachés à eux! Ils sont tous si gentils. Samuel Malalé est établi à Barcelona comme maître d'école. Il a entrepris sa tâche avec beaucoup de sérieux, et comme il ne veut pas lâcher un jour son école, il est venu un soir nous dire adieu à Valdézia. Au moment de partir, il nous dit:

— Pourtant, comme j'aurais aimé aller avec vous!

— Vraiment? lui dit Paul, mais quand je vous ai questionnés tous à ce sujet, tu avais l'air de préférer rester aux Spelonken.

— Ah! si je n'ai rien dit, c'est que je savais que Matsivi désirait beaucoup partir avec vous: si j'avais dit que moi aussi je voulais aller, alors il aurait voulu me céder la place. Or nous trouvions que c'était plutôt à lui à partir avec toi, puisqu'il est ton enfant plus que nous tous.

— Toi aussi tu es mon enfant.

— Sans doute, mais Matsivi l'est encore plus! Vous pouvez juger du jeune homme par cela.

— Alors, lui demanda Paul, tu n'es pas content d'être à Barcelona?

— Si, je suis très content, puisque c'est l'ouvrage que Dieu me donne à faire maintenant. Mais si on m'envoie une fois bien loin, j'en serai très heureux.

— Mais tes parents te permettraient-ils de partir?

— Peut-être qu'ils ne seront pas satisfaits, mais pour ceci je sais que je dois obéir à Dieu plutôt qu'à eux.

Tous ces garçons, du reste, n'ont qu'une ambition, c'est d'être envoyés *matikouène*, comme ils

Samuel et Matsivi. Photographie prise en 1903, seize ans après leur séparation.

disent, c'est-à-dire *par les pays,* là où l'Evangile n'a pas encore été prêché.

Quelque temps avant notre départ, Sara, ma laveuse, vint un jour me voir avec de grands airs de mystère. Elle tenait un shelling soigneusement caché dans sa couverture. Après bien des circonlocutions, elle arriva à me dire que ce shelling était pour moi. N'ayant pas de photographie à me donner de sa charmante personne, elle m'apportait cette pièce. « Et, ajoutait-elle, quand tu regarderas ce shelling, tu verras ta Sara. C'est comme mon image. » Peut-être la reine Victoria, dont l'image est empreinte sur la pièce, ne serait-elle pas très flattée. En tout cas, j'ai été touchée plus que je ne puis dire par cette marque d'affection de ma pauvre vieille Sara, qui ne sait pas où prendre pour acheter des vêtements pour elle et pour ses enfants, et qui se prive d'une pièce d'argent pour moi. Il faut savoir quelle valeur a l'argent pour les noirs qui en ont si peu, pour pouvoir apprécier le sacrifice de la brave femme.

Nous avons eu grand'peine à trouver un wagon pour transporter nos bagages et nos marchandises, et encore, l'homme qui finit par consentir à nous accompaguer, un Boer nommé Tom Kelly, ne voulut-il venir que jusqu'à Lydenburg. Personne ne veut aller jusqu'à Delagoa Bay, par crainte de la tsétsé.

Il était entendu que le wagon arriverait le mercredi soir, afin qu'on pût charger le jeudi et partir le vendredi. Nous espérions passer le samedi et le dimanche à Elim. Mais nous ne savons pourquoi le wagon ne nous arriva que le vendredi matin, avec la pluie! Impossible de charger par ce temps; le lendemain, on profita de toutes les éclaircies pour mettre les caisses dans le wagon, mais malheureusement, la chose était rendue très difficile par le fait que ce véhicule avait une longue tente étroite, tandis que nous avions cru comprendre qu'il n'avait qu'une demi-tente, sur l'arrière. A force de calculs on finit par tout caser dans la tente, mais le *driver*[1] Shadrak (Mésak et Habednégo n'étaient pas de la partie), se désespérait en disant que la charge était mal répartie, grâce à l'étroitesse de la tente, et qu'on verserait sans aucun doute. Il est de fait que c'était un peu à craindre; en tout cas, la tente risquait d'être maltraitée par les caisses empilées les unes sur les autres. Notre wagon à

---

[1] Rappelons que le *driver* (pron. draïver) est celui qui manie le fouet et chasse l'attelage, tandis que le *leader* marche devant les bœufs, en tenant une courroie passée autour des cornes des deux premiers.

nous est petit et, quoiqu'il n'ait pas une lourde charge, il est plein comme un œuf et ne pourrait pas contenir une seule caisse de plus.

Outre ces deux véhicules, nous emmenons avec nous notre petite carriole à deux roues (*cart*). quoique nous n'ayons pas de chevaux pour la tirer. On y attèle deux jeunes bœufs et cela va encore assez vite. Seulement, notre pauvre véhicule a eu du malheur! M. A. Ducret nous l'avait si bien arrangé! Il y avait fait un beau timon neuf, pour lequel M. Alexis Thomas nous avait procuré les matériaux. Puis il l'avait peint en bleu foncé, ce qui donnait tout à fait bonne façon à notre petit cart. Il avait l'air vraiment rajeuni. Or un jour, Timothée vient dire à Paul qu'un de ses frères lui a donné deux ânes et qu'on pourrait essayer de les atteler au dit cart. L'idée nous paraît bonne, nous empruntons à M. Thomas des harnais à ânes qu'il est disposé à nous céder, au besoin, et on attèle les baudets. Paul et Timothée grimpent dans la carriole, et, fouette cocher! Les bêtes récalcitrantes refusent de se mettre en route. Puis, quand une fois elles se décident, elles partent au galop. Tout va bien pendant un bout de chemin. Mais, au moment d'arriver sur la place, devant la maison, l'âne de droite résiste à tous les efforts de Paul qui veut le maintenir

dans le bon chemin, et il se lance dans les seringats qui bordent la pelouse. Impossible de retenir
cette bête obstinée; le cart se heurte contre les
arbres, le timon se brise en plusieurs morceaux.
Les ânes, tout harnachés, partent en avant et
viennent s'arrêter tranquillement devant la maison, où ils restent immobiles comme les plus sages
agneaux qu'on ait jamais vus! Pendant ce temps,
Paul et Timothée se remettent sur leurs jambes.
Heureusement ils n'ont pas de mal, mais ils auraient pu s'en tirer à moins bon compte, car une
fois le timon arraché, les carrioles à deux roues
tombent sur leur nez, naturellement! Cela me faisait vraiment de la peine pour M. Ducret, qui avait
tant travaillé pour réparer et embellir ce petit
cart! Il voulut bien encore le remettre en état,
mais, naturellement, plus question de beau timon
verni. Il faut se contenter d'une perche quelconque, toute brute, coupée au bord du Lebvoubyé.
Mais tel qu'il est, notre véhicule peut nous rendre
encore de bons services, attelé de deux bœufs.

Il n'était pas question de se mettre en route
par la pluie; aussi dûmes-nous, bon gré mal gré,
passer encore un dimanche à Valdézia; ce qui
nous donna le temps de terminer tranquillement
nos affaires.

Le lundi matin, nous nous apprêtions à finir

d'arranger notre wagon pour partir, quand Shadrak, le conducteur du wagon des marchandises, déclare qu'il ne veut pas partir ainsi et qu'il va ôter la tente. Bon, voilà encore un retard! On décharge le wagon, on déboulonne la tente et on la dépose dans le hangar de la station; puis on recharge le wagon des bagages, on arrange le nôtre et à quatre heures et demie seulement nous nous mettons en route. Tout le village était réuni sur la pelouse pour le culte du départ, et c'était bien triste. Beaucoup nous accompagnèrent jusqu'au haut de la colline qui domine Valdézia, ils essayaient de chanter, mais on n'avait pas beaucoup de voix.

Nous arrivâmes très tard à Elim et nous y passâmes la journée du mardi, pour en repartir le mercredi matin. Le wagon des marchandises nous avait précédés, Shadrak désirant passer encore chez lui pour charger diverses choses. Il était convenu que nous le trouverions chez Cooksley; mais, en arrivant chez Bristow, à deux heures d'Elim, nous voyons le dit wagon arrêté, à moitié déchargé. Le gué de Bristow est très difficile à passer: c'est là que mon beau-frère Henri et sa femme sont restés embourbés un jour et une nuit. Shadrak n'avait pu s'en sortir qu'en déchargeant en partie. Nous essayons de passer plus haut, mais là aussi c'est difficile, Nous finissons par nous en tirer grâce au secours de Shadrak et de son bon fouet. Cette *stickée* ne contribua pas à mettre le pauvre Shadrak de bonne humeur, et pendant ces premiers jours il ne fut pas toujours gentil. Il savait que les deux wagons devaient cheminer de compagnie, puisque la plupart des provisions et des affaires de nos gens sont sur le wagon des marchandises; malgré cela, il s'en allait dételer plus loin, ou bien restait en arrière, si bien que nos pauvres gens ont dû, une fois, sauter un repas; ils avaient terriblement faim; je donnai un demi-pain aux enfants, mais je n'aurais pas su où trouver des provisions pour les grandes personnes, à moins de leur donner la moitié de notre sac de pommes de terre; heureusement ce ne fut pas nécessaire. Mon mari reprit sérieusement Shadrak devant toute la bande, et dès lors il fut plus souple, et poussa même la complaisance jusqu'à venir nous aider pour les pas difficiles; c'était assez nécessaire, car nous n'avions point de driver!

La veille de notre départ d'Elim, en effet, notre conducteur Jonas avait demandé de pouvoir aller chez Albasini chercher un bon manche de fouet. A l'heure fixée pour nous mettre en route, il n'était pas de retour; deux jeunes gens d'Elim vinrent nous accompagner un bout de chemin pour nous aider ; puis, au delà de chez Cooksley, ils nous dirent adieu, pensant que Jonas allait nous rejoindre. Le lendemain, lettre de M. Jaques nous annonçant que Jonas était malade ! Nous voilà bien arrangés ! Par le messager des Jacques, nous envoyons Couvet, notre cheval, pour aider Jonas à nous rejoindre en lui écrivant que nous continuerions notre route tranquillement comme nous pourrions. Nous arrivâmes ainsi jusqu'à Rhenoster Poort, où nous devions passer le dimanche ; c'est là que Jonas nous rejoignit.

CHAPITRE II

Un dimanche parmi les Boers.

A peine avions-nous dételé qu'arrive notre Boer, Tom Kelly, à cheval, tout gentil et tout souriant. Il vient droit à nous, et nous raconte qu'il y a dans le voisinage une grande réunion religieuse de tous les Boers du pays, à laquelle sont présents M. le missionnaire Hoffmeyr et M. Andrew Murray, de la colonie du Cap. Il nous invite à passer le dimanche près du *Tabernacle,* comme nous appelons une immense maison de Rhenoster Poort, qu'on a transformée en église. Comme nous ne savons pas le boer, nous déclinons l'invitation, mais, par contre, nous annonçons que nous irons après les cultes faire visite à MM. Hoffmeyr et Murray, qui tous deux avaient exprimé le désir de voir Paul.

De l'endroit où nous étions, nous pouvions voir tout autour du Tabernacle une vingtaine de wagons, plusieurs *carts*, des tentes, tout un campement. Il y avait environ 200 personnes. Toute la journée, le lendemain, on entendit résonner la petite cloche appelant les fidèles au culte.

Vers la fin de la journée nous nous mettons nous-mêmes en route, dans notre petite carriole, pour le Tabernacle, avec un garçon pour conduire l'attelage. En une demi-heure nous arrivons, mais nous trouvons encore tout le monde au culte. Tom Kelly, qui nous aperçoit, sort de la salle et vient nous inviter à entrer; nous n'y tenions pas car nous n'y aurions rien compris. Ce que voyant, M. Kelly, voulut au moins nous faire une politesse et il nous conduisit dans une maison voisine, où loge sa famille, pour nous offrir une tasse de café. Il faut savoir que, chez les Boers, on a du café chaud toute la journée ; la bouilloire reste sur un réchaud et tous ceux qui arrivent doivent avaler, bon gré, mal gré, une tasse de ce breuvage. Donc Kelly s'en alla chercher la bouilloire dans un coin, derrière une caisse, tira des tasses d'une écuelle à relaver et nous servit le breuvage africain, dont nous nous serions fort bien passés à cette heure. Il nous avait préalablement fait asseoir sur le lit, c'est-à-dire sur une paillasse couverte d'oreillers et de couvertures en désordre. Quel appartement mes amis ! un plancher... comme dehors sous la voûte des cieux ; tout autour de la chambre, posés sur des pierres, des sacs de maïs et de farine ; par-dessus, des oreillers, des habits de toutes sortes ; plus loin, une ou deux caisses, une table ; de la viande sèche et de la fraîche coupée en bandes et pendant au plafond.... Voilà une chambre boer.

Après nous avoir ainsi témoigné son amabilité, notre homme retourna au culte, s'imaginant que nous allions rester enfermés là-dedans. Merci ! Les odeurs d'espèces diverses nous eurent bientôt fait désirer un air plus pur. Après avoir fait quelques tours de promenade, nous voyons les gens sortir de l'église ; ils étaient nombreux, et comme beaucoup connaissent Paul pour avoir eu recours à lui dans leurs maladies, on commença à entourer et à saluer cordialement « Mijnherr Perthoud » ! Ces gens ont un air tout à fait patriarcal, et vraiment c'était joli de voir toutes ces familles se grouper autour des wagons et des tentes ou se réunir dans quelque maison avoisinante. Beaucoup venaient de très loin pour assister à ces réunions. Les femmes ont un air d'on ne sait quel siècle, avec leurs immenses *capis* noirs qui leur couvrent la tête et tombent jusque sur les épaules ! Les jeunes s'habillent à la mode, et c'est grand dommage, car en général leurs toilettes sont de mauvais goût.

Bientôt nous vîmes arriver M. Murray. C'est un homme d'une soixantaine d'années, grand et maigre, qui a tout à fait l'air d'un réformateur des anciens temps. Il nous accueillit avec beaucoup de bonté et nous conduisit à la maison où il logeait, chez les vieux parents Deprees, que Paul connait bien. C'est un vrai intérieur boer ; on entre dans la chambre du milieu, grande pièce proprement *smirée* avec une table au centre et des sièges tout le long des murs ; des deux côtés de cette pièce, qu'on appelle le « voorhuis, » sont deux chambres plus petites dans lesquelles on dort. Un châle ou une couverture séparent les appartements. M. Murray nous fit asseoir et commença à nous faire des questions sur notre Mission et sur l'œuvre que nous allons entreprendre. Malheureusement, il y avait foule dans la salle, et à chaque instant les partants venaient saluer M. Murray. Il leur serrait la main à tous en leur donnant sa bénédiction ; puis de vieilles connaissances de Paul arrivaient et lui faisaient de grandes protestations d'amitié et de regret de ce qu'il quitte le pays. L'entretien était bien interrompu, mais M. Murray ne perdait pas de vue le fil de la conversation

et suivait sur la carte le chemin que nous allons faire. C'est remarquable comme les enfants de Dieu distingués trouvent moyen de mener toutes sortes d'intérêts de front. Ce M. Murray, déjà presque un vieillard, après une journée chargée, au cours de laquelle il avait présidé des cultes pendant plusieurs heures, se préparait à partir à minuit (à cheval, je pense) pour retrouver son wagon parti la veille et arriver à Prétoria pour le dimanche suivant. Et au milieu de ses fatigues et de ses préoccupations, il nous questionne, nous écoute, nous raconte, comme s'il n'avait rien d'autre à faire ! Cet intérêt si vrai, si sympathique nous faisait du bien, je vous assure.

A la fin, la nuit étant complètement tombée, il nous fallut prendre congé, serrer la main à tous les assistants, au nombre de 10 à 15 et aller retrouver notre cart à quelque distance. Le bon M. Murray nous accompagna jusque-là, malgré le froid et l'obscurité. Malheureusement une ou deux personne vinrent encore à la traverse; un Boer demandait à Paul de venir voir sa femme malade dans une maison voisine, Tom Kelly venait s'informer de nos plans; malgré tout, ce fut un bon moment d'entretien que nous n'oublierons pas de sitôt ! Arrivé au cart, M. Murray fit une excellente prière et prit congé en nous souhaitant du fond du cœur un bon voyage et la bénédiction de Dieu sur notre nouvelle œuvre.

C'était trop tard ce soir-là pour allez voir les Hoffmeyr, aussi pensions-nous aller leur faire visite le lendemain; malheureusement, le matin, nous avions à finir notre poste et plus tard nous avons appris que les Hoffmeyr étaient partis. Je regrette beaucoup de ne pas les avoir vus, car je ne les ai jamais rencontrés, et maintenant il est peu probable que je fasse jamais leur connaissance, puisque nous quittons le pays.

CHAPITRE III

Le campement.

Avant de reprendre la suite de notre voyage, il faut que je vous parle de notre joli campement de ce soir. Aujourd'hui (19 mai) nous nous sommes arrêtés plus tôt qu'à l'ordinaire, craignant de ne pas trouver d'eau plus loin. Aussi avons-nous goûté de bonne heure. Puis on s'est réuni autour des feux ; le bois ne manque pas dans le voisinage et nous brûlons des arbres entiers !

A quelques pas, on voit se dessiner les contours du wagon des bagages sur la lueur du feu immense de notre Boer et de ses domestiques ; plus près, notre cart, aux roues duquel sont attachées deux de nos petites tentes-abris qui servent de chambre à coucher aux femmes et aux enfants ; de l'autre côté, notre wagon, avec les bœufs attachés à la chaîne pour la nuit ; on les entend ruminer et soupirer ; de temps à autre l'un d'eux se remue et secoue la chaîne et le timon. Les premières nuits de voyage, on en est souvent dérangé dans son sommeil, mais petit à petit on s'y habitue et on les laisse se secouer tranquillement, sans sortir pour tout cela d'un bon somme reposant.

Toute notre bande est réunie, pour le moment, autour d'un grand brasier, un feu de joie digne des *Brandons.*

Rien d'amusant et d'intéressant comme les causeries autour du feu. Ce soir elles étaient si gaies et si vives, que notre Boer est arrivé avec son driver et a pris place dans le cercle. C'est un grand gaillard à barbe rouge; il porte le soir un « casque à mèche » de laine rouge, qui ne l'embellit point, et il fume sa pipe qui, du reste, ne le quitte guère. On voit qu'il a été élevé avec les Magouamba[1], car il parle leur langue exactement comme eux; rien de si drôle.

Ce soir, la conversation s'est portée sur les langues, puis sur les religions, puis sur les esclaves, sur les nations, etc., On passe d'un

---

[1] Rappelons que *Gouamba* est le surnom qu'on donne au nord du Transvaal au rameau de la tribu thonga que la Mission romande évangélise, et que, à l'origine, nos missionnaires ne lui connaissaient pas d'autre nom. *Ma* est le préfixe du pluriel; *shi,* qu'on trouvera plus loin, celui de la langue.

sujet à l'autre, on sait à peine comment. Cela a commencé par une réflexion de Zakaria qui, nous entendant parler français entre nous, brûlait d'envie de comprendre ce que nous disions et nous priait de parler shigouamba. Il n'y a rien que nos gens détestent autant que de ne pas comprendre ce qui se dit autour d'eux. Je lui ai répondu qu'il n'avait qu'à parler français, que moi aussi je devais me résigner à ne pas comprendre tout ce qui se dit autour de moi en shigouamba ! Sur quoi plusieurs s'exclamèrent :

— Ah ! si seulement nous pouvions parler le français comme Ndjobo ! Nous, continuaient-ils, nous ne savons qu'une phrase et encore nous ne savons pas bien ce qu'elle veut dire : « Soyez les bienvenus au nom du Seigneur Jésus. »

Il faut entendre l'accent ! C'est une phrase que M. Creux leur avait enseignée dans un chant de bienvenue. Paul leur fit la traduction, puis chercha à leur faire prononcer convenablement les mots. Impossible de leur faire dire les *u*. C'est une lettre qu'ils n'ont pas en shigouamba. Néanmoins ils faisaient tous leurs efforts pour dire *bienvenus,* et l'un d'eux s'écria :

— Il faut que l'air sorte par le nez quand on prononce cette lettre.

Ensuite vinrent des discussions sur le portugais que nous entendrons parler à la côte. Nos gens demandaient si nous le savions, si nous l'apprendrions. Puis, comme les Portugais sont catholiques, on parla de la différence entre leur religion et la nôtre. On en vint à raconter que le père Albasini et d'autres blancs des Spelonken, autrefois catholiques, ont adopté la religion des Magouamba et jettent des osselets ou des coquilles pour consulter le sort. Kelly raconta que dernièrement la femme d'un bûcheron, qui était venue consulter Paul pour sa jambe malade, avait jeté les osselets pour savoir quelle médecine elle devait employer ! Ainsi le paganisme et la sauvagerie envahissent même les gens qui devraient être chrétiens et civilisés ! Paul chercha à montrer à nos gens comme quoi l'incrédulité et la superstition marchent de front, et il leur fit une petite morale là-dessus.

Pendant ce temps, Zakaria poussait du conde notre berger, son neveu, un franc païen, en lui disant.

— Tu entends? Tu comprends?

L'autre ne faisait que ricaner. C'est un dur-à-cuire que ce garçon, le seul de notre bande qui soit encore païen. Cependant il ne fait pas mal son ouvrage, qui est de garder le bétail. C'est du reste le seul travail pour lequel il soit bon.

A Valdézia, quand on cherchait à l'employer à quelque besogne, on ne réusissait guère à le faire bouger. Il restait tranquillement à regarder les autres travailler, sans penser seulement à leur aider quelque peu.

— Que fais-tu, Yingouane ? lui demandait-on.

— Je suis assis.

Charmante occupation !

Notre bande se compose de 14 personnes, sans compter Kelly et ses gens ; ce sont : Zakaria et Yingouane, qui sont nos domestiques particuliers ; Jonas, de Barcelona, avec sa femme Makondjoua et leurs deux cadettes Dina et Ruth ou plutôt Routi (leur aîné est resté à Elim) ; Timothée, de Valdézia, avec sa femme Lina et ses trois cadettes, Salphine, Suzanne et Dora ; Kanyisa, la femme de Zébédée, l'évangéliste qui est auprès de Yosefa, et son beau-frère Mahlékètè, qui l'accompagne à la côte, sur le désir de Zébédée. Les Timothée ont aussi laissé leur aîné en arrière, afin qu'il suive l'école. Enfin Matsivi, notre futur régent, complète la bande. C'est lui qui prend soin du cheval Couvet et qui fait les courses quand on doit envoyer quelqu'un en avant.

Chacun a sa tâche dans notre caravane : Jonas est notre driver, guère habile, hélas ! Déjà entre Valdézia et Elim il a risqué de nous faire deux

Les évangélistes des Spelonken avant le départ de trois d'entre eux pour le Littoral.

malheurs! Paul, voyant son manque d'adresse et de savoir-faire, a cherché un autre driver à Elim, où il y en a plusieurs excellents. Mais aucun n'était disponible; ainsi nous nous confions à la garde de Dieu. Paul doit beaucoup surveiller et aider, car on ne peut se fier à Jonas. Il est trop lent dans ses mouvements. Dans les passages difficiles Shadrak et son maître ont la bonté de nous assister. Mahlèkètè est notre leader. C'est un gentil garçon, aussi éveillé que notre driver l'est peu. Il est intelligent et cherche à s'instruire tant qu'il peut. Surtout son ambition est d'apprendre toutes sortes de langues, aussi ne perd-il aucune occasion de répéter les quelques mots boers, français et anglais qu'il a attrapés je ne sais où. Timothée a la charge du cart et il y promène sa famille. C'est un joli tableau que celui que présente la petite carriole, avec Lina assise au milieu et les fillettes des deux côtés. Lina est une des plus jolies négresses que j'aie vues; ses enfants aussi ont quelque chose d'assez fin. Timothée n'est pas mal non plus, sa tournure ne manque pas d'élégance. Kanyisa et Makondjoua grimpent derrière notre wagon pendant la marche.

Les enfants, qui sont au nombre de cinq, sont remarquables de sagesse. Ils ne pourraient pas être moins encombrants et on les entend rarement pleurer. Il faut cependant en excepter Routi, qui est très grognonne. Mais elle est en voie de progrès, grâce aux sermonnées de Paul, qui font grand effet. Sa mère, hélas ! n'a point de talent d'éducation, et cela fait mal vraiment de voir gâter un enfant de cette façon. Mais c'est un spectacle qu'on n'a que trop souvent dans ce monde ! Le père intervient peu. Sa femme a un caractère très décidé et énergique. Elle n'est pas toujours très commode, et Jonas, on le voit, a pris l'habitude de se tenir dans son coin, sans rien dire. Les enfants des Timothée sont élevés tout autrement.

Pourtant à côté de ses défauts, Makondjoua a bien du bon et j'espère qu'elle se fera toujours plus de bien. Elle a déjà fait beaucoup de progrès. Elle m'est très utile pour les lessives. Un jour qu'elle me voyait laver du linge à la rivière, elle me dit :

— Cela te fera mal de laver. Laisse-moi t'aider une autre fois.

J'ai été bien reconnaissante, car, en effet, ces lavages me fatiguent beaucoup, et dès lors j'ai eu plusieurs fois recours à ses bons offices. Elle lave bien et, forte comme elle est, cela lui prend infiniment moins de temps qu'à moi.

Vous pensez bien que ce voyage est une occasion unique d'apprendre à connaître nos gens, de pénétrer dans leur vie de famille. C'est tout autre chose qu'une visite au village de temps en temps, c'est vraiment vivre avec eux. Il faut dire qu'il y a aussi quelques mauvais côtés à la chose. Par exemple il est difficile que nous ne souffrions pas du voisinage (vermine, etc.). Mais pourtant les avantages sont plus nombreux que les inconvénients, et nous ne sommes pas fâchés de pouvoir observer les us et coutumes de nos catéchistes et de leurs familles. Je pense que, de leur côté, ils nous examinent bien. En tout cas Zakaria ne s'en fait pas faute. C'est lui qui est chargé de me fournir le feu et l'eau, et il le fait avec grand soin. Il pensait que je lui confierais mes relavages, etc. Mais merci! Quand on n'a pas éduqué un noir soi-même, on ne peut se fier à lui pour faire les choses proprement.

Vu la défection d'une jeune fille qui devait nous accompagner, je n'ai personne pour m'aider. A cause de cela, je ne puis pas écrire autant que je le voudrais et je couds fort peu. Je ne puis raccommoder que pendant les marches, et les secousses du wagon ne font pas avancer l'ouvrage. Dans les dételées, je n'ai que le temps de cuire, puis de relaver marmites, assiettes, etc.

Vous devriez voir mes belles mains de cuisinière ! L'eau et le soleil me les ont en outre si bien brunies que l'autre jour les femmes m'ont dit que je commençais à ressembler à une femme boere. C'est une bonne école pour moi ! Je détestais les relavages, et jusqu'à présent je n'avais guère eu l'occasion d'en faire. Aussi il est bon que j'apprenne. Je voudrais bien que le voyage ne prît pas fin avant que j'eusse appris à être de bonne humeur *malgré tout*, malgré le feu et le soleil, malgré l'encombrement du wagon, malgré la fumée, les épines, la besogne.

Zakaria est bien gentil. Il a pitié de moi, quand il me voit souffrant de la fumée et il me dit :

— Viens te mettre là, tourne-toi comme ceci, mets ta casserole là !

Il s'intéresse beaucoup à ma manière de cuire et me fait des tas de questions. Il veut savoir le pourquoi des choses. Il nous trouve, je pense, bien scrupuleux parce que nous exigeons qu'on ne puise dans notre seau à eau qu'avec le gobelet réservé pour cet usage et non pas avec trente-six ustensiles peu propres. Pourtant l'habitude est prise maintenant.

Je suis quelquefois effrayée des *saligauderies* que ces noirs peuvent faire ! Imaginez-vous qu'après s'être tous bien coiffés le dimanche avec un peigne et une brosse appartenant à je ne sais qui, ils lavent les dits objets dans leurs marmites! Avec cela ils sont très particuliers pour certaines choses. Il ne peuvent pas supporter un brin d'herbe ni quoi que ce soit dans leur bouillie de maïs; mais pour l'en tirer ils ne craindront pas d'y plonger les mêmes doigts qui viennent de servir de mouchoir de poche! Un jour on lave la tête d'un des mioches dans le seau à eau. Cela fait que je me félicite une fois de plus d'avoir emporté deux seaux, un pour notre usage et un pour le leur. Je n'en finirais pas avec les exemples, mais c'est assez pour vous montrer ce qui en est de la propreté nègre. Paul a fait une petite remarque sur la vermine l'autre jour. Les hommes ont paru très offensés,... mais chacun s'est donné de la peine pour se tenir plus propre, à ce que nous avons vu, et dès lors, nous n'avons plus fait de trouvailles dégoûtantes dans notre lit et nos habits!

———

CHAPITRE IV

Dans la vallée de l'Olifant.

La nouvelle ville de Pietersburg. — Zebedeli's Poort. — Un aventurier autrichien et un savant allemand. — Passage de l'Olifant. — Une *stickée*. — Services réciproques. — Une scène révoltante.

Nous avons quitté Rhenoster Poort le mardi matin, 10 mai, pour arriver à Upsal le lendemain soir. Je ferais mieux de dire Pietersburg, car c'est le nouveau nom de l'endroit. Les Boers en effet abandonnent Marabastad où il n'y a point de terrain public et fondent sur l'ancienne ferme d'Upsal la ville de Pietersburg [1]. L'année passée il n'y avait encore là, à notre passage, qu'une maison ou deux. Dès lors, plusieurs personnes ont bâti et bâtissent, entre autres le *landdrost*, qui est très ennuyé de devoir quitter son établissement à Marabastad pour recommencer tout à nouveau à son âge. Il nous accueillit très bien,

---

[1] C'est sur cette ferme que M. P. Berthoud, en route pour l'Europe en 1880, dut enterrer son petit Emile. La tombe est restée en pleine ville de Pietersburg jusqu'en 1902, moment où elle a été transportée au nouveau cimetière pour faire place à une construction.

comme toujours, et sa femme nous fit cadeau d'un gigot et d'une épaule de mouton. J'en fus très contente, car je n'avais plus de viande fraîche. Mme Biccard, femme du pasteur, nous envoya aussi du lait.

Laissant de côté Marabastad, nous allons passer notre second dimanche à Zebedeli's Poort. C'est un charmant endroit. Le défilé est long, et la route n'y est certes pas belle, pleine de montées pierreuses, de fonds sablonneux, de passages étroits dans les fourrés. Mais quelles belles montagnes boisées ! Le dimanche après midi, nous sommes allés Paul et moi faire un tour de promenade à la rivière. Que c'était joli ! Des bancs de rochers, de grands arbres surplombant des étendues de rocs couverts de ces charmantes fougères qu'on appelle cheveux de Vénus (*maiden hair*)! J'en ai fait un grand bouquet qui nous a réjoui les yeux un jour ou deux.

On rencontre toute espèce de gens dans ce pays. Près du défilé, un soir, un blanc arrive à notre campement et s'informe si on a vu son « kaffir » passer. Personne ne peut le renseigner. Il nous raconte qu'il vient de chez un de ses amis et retourne chez lui à pied, très ennuyé d'être si tard et de manquer son domestique, sur le dos duquel il aurait voulu passer la rivière.

évidemment la cause de son retard était qu'il
était arrêté à boire avec son ami. Il nous faisait pitié par cette nuit noire. Nous lui offrons
une place au coin du feu et une tasse de café.
Il s'installe, nous apprend qu'il est Autrichien,
catholique, qu'il est venu il y a plusieurs années

Zebedeh's Poort.

en Afrique pour courir le monde et se consoler
des chagrins qu'il a eus. Il a perdu deux femmes
et trois enfants et je ne sais combien de milliers
de livres sterling. Paul essaie de lui parler d'un
autre genre de consolation plus efficace. Mais
il ne réussit pas à se faire écouter. L'Autrichien
encore un petit garçon qui vit chez une sœur

et il pense retourner bientôt en Europe pour s'occuper lui-même de l'éducation de son enfant. C'est un homme d'un certain âge, qui cause d'une façon assez intéressante. Après le culte avec nos gens, nous faisons encore un bout de causette auprès du feu, puis notre homme nous dit qu'il attend le lever de la lune pour se mettre en route et qu'il partira pour rentrer chez lui dès qu'il verra assez clair. Par conséquent nous allons nous coucher en toute bonne conscience. Pendant la nuit j'entendis remuer autour du wagon et je pensai que notre homme se mettait en route. Le matin, nos gens nous disent qu'en se réveillant ils ont trouvé le pauvre homme étendu près du feu, et se plaignant du froid. Il s'était couvert du drap de selle de Couvet. C'était un maigre abri! Nous avons regretté de ne pas lui avoir prêté une couverture, mais vraiment ce n'était pas notre faute!

Un autre jour nous avons rencontré un Allemand qui fait des collections d'insectes et de papillons pour des sociétés savantes. Il voyage avec un Boer dont il se plaint beaucoup à cause de sa dureté envers les noirs et envers ses bœufs. Il avait l'air tout heureux de rencontrer quelqu'un qui s'intéressât à ses collections et il ne quitta pas Paul jusqu'à ce que son wagon fut attelé!

De Zebedeli's Poort, nous avons serpenté dans la plaine en suivant les méandres de l'Inkoumpi, que nous avons traversé trois fois. Puis nous sommes arrivés à l'Olifant et nous l'avons longé pendant plusieurs jours. Il y a beaucoup d'eau dans ce moment et la rivière est splendide. Nous avons traversé deux de ses affluents. Quelles berges ! Puis est venu le tour de l'Olifant lui-même. Le gué est bon et nous n'avons pas eu de peine à passer, malgré le fort courant, les pierres, et l'eau assez profonde au milieu. C'était très drôle de voir le cart dans l'eau ! Les deux bœufs qui y étaient attelés faisaient des façons et Zakaria fut obligé d'entrer dans l'eau avec ses vêtements et de conduire ces deux sottes bêtes avec une courroie. Notre veau se montra très habile. Comme il sentait la force du courant, il se colla contre un grand bœuf pour s'abriter et passa ainsi très facilement. Notre leader était trempé jusqu'aux hanches, de même que le driver de Kelly. Aussi disparurent-ils aussitôt dans les buissons pour changer de vêtements ! Les usten-siles suspendus sous le wagon, marmites et seaux, étaient pleins d'eau. Heureusement nous avions eu la précaution de faire ôter et mettre dans le wagon notre marmite à trois pieds qui contenait notre dîner !

Notre attelage marche bien et nous n'avons encore stické qu'une fois. Nous avions acheté quatorze bœufs à assez bon compte. Mais ce sont de petites bêtes jeunes qui ont encore bien à apprendre. Kelly nous offrait aussi des bœufs à vendre, mais très cher, 6 livres pièce (150 francs . Certainement ses bêtes valent ce prix-là. Ce sont d'énormes bœufs, parfaitement dressés, mais trop chers pour nous. Cependant comme il est revenu à la charge à Rhenoster Poort en offrant à Paul deux bœufs à 5 livres 10 shellings (137 fr. 50 , nous avons cru bien faire en acceptant le marché, et dès lors nous nous en sommes souvent félicités. On attèle ces deux bœufs au timon. Les nôtres ont l'air de veaux à côté. Et grâce à eux nous sortons facilement des mauvais pas.

C'est une chose capitale que d'avoir de bons timoniers. Hier, Jonas, on ne sait trop pourquoi, ne les avait pas attelés. Au milieu de l'après-midi, voilà le wagon qui enfonce dans un trou de boue. Il aurait fallu passer à côté, mais notre brave Jonas est d'une lenteur et d'une mollesse étonnantes. Nous voilà si bien embourbés qu'il est impossible de faire sortir les roues de derrière. Arrive Kelly. Il avait déclaré avant de partir qu'il était décidé à ne pas nous aider au moyen de ses bœufs si nous stickions, ainsi nous

Passage de l'Olifant.

ne comptions pas sur lui. Nous fûmes donc bien surpris quand nous vîmes notre homme, après avoir constaté que nos bœufs n'y pouvaient rien, détacher tranquillement son attelage, l'amener devant le nôtre, et *yeck*[1] *!* un coup de fouet et nous voilà dehors.

D'après ce que nous avions vu de notre Boer, nous avions un vrai souci de voyager avec lui, et voilà qu'il est d'un gentil, d'un complaisant qui nous touche tous les jours. Une fois, ayant acheté une chèvre, il nous en envoie un gigot. Un autre jour, nous sachant au bout de notre pain, il réussit à s'en procurer dans une ferme et nous en apporte un en cadeau, avec un bon morceau de beurre. Aujourd'hui il nous apporte une grande tasse de miel... Bref, nous sommes confondus ! Je ne sais s'il a été touché de ce que nous partageons notre lait avec lui, mais en tout cas nous ne pouvons que nous louer de lui et nous féliciter de l'avoir avec nous.

Depuis que nous avons quitté les solitudes de l'Olifant, nous sommes arrivés dans une contrée plus peuplée. Nous rencontrons beaucoup de campements boers. Ces gens viennent hiverner dans ce pays. Ils ont un wagon, une tente et d'innombrables troupeaux de gros bétail et de

---

[1] Cri poussé par les drivers pour faire marcher l'attelage.

moutons. Nous avons rencontré aussi plusieurs fermes.

Aujourd'hui 24 mai, à notre dételée du milieu du jour, nous avons assisté à une scène révoltante. Peu avant de nous arrêter, nous avions eu à traverser une étendue de vilaine boue noire, dans laquelle les wagons enfonçaient terriblement. Avant de nous engager là dedans, nos gens avaient examiné soigneusement l'endroit pour choisir le milieu du chemin. Grâce à Dieu, nous avions passé facilement et sans sticker. Rien de plus traître que ce terrain noir quand il est détrempé. Quand un wagon y est pris, c'est une terrible chose, car plus on travaille, plus on fait d'efforts et plus on s'enfonce.

Tout heureux d'avoir si bien passé, nous nous arrêtons pour le repas du milieu du jour. Je finissais mes relavages quand on signale sept à huit wagons de transport qui se préparaient à traverser le marais. C'étaient des wagons de Prétoria pesamment chargés, hélas! de tonneaux d'eau-de-vie, pour la plus grande partie. Ils se rendaient à Barberton, aux mines d'or. Il faut que le chemin direct de Prétoria à Barberton soit bien mauvais pour qu'on vienne faire le détour par ici! Le premier wagon s'aventure et sticke au beau milieu. Les deux roues du côté gauche s'enfonçaient profondément. Tout occupée de frotter une casserole avec des cendres pour la faire briller, je ne pouvais pas suivre la scène, mais Paul, debout sur le caisson du wagon pour mieux voir, me tenait au courant. J'entendais de grands coups de fouet et je m'imaginais qu'on battait les bœufs pour les faire avancer, quand Paul me dit :

— Sais-tu que c'est sur un homme qu'on frappe comme ça ! Il y a là un blanc et un noir qui se battent !

Et il court pour voir de plus près ce qui se passe. Comme les coups continuaient de plus belle, j'accours aussi au bout d'un moment, sans lâcher ma casserole, et, à ma grande horreur, je vois un pauvre noir, presque nu, attaché par les pieds et le cou au timon du wagon, et un affreux individu blanc, les manches retroussées, qui le battait de toutes ses forces avec un fouet de lanières tressées ! Il frappait partout, sur le visage, sur le dos, sur la poitrine, c'était horrible ! Et les autres blancs le regardaient faire, lui aidaient même en tenant le malheureux qui se débattait. Paul criait tant qu'il pouvait :

— Lâchez-le, vous allez le tuer, c'est assez !

L'autre ne s'arrêtait que pour répondre :

— Tenez-vous tranquille ; un domestique doit obéir à son maître.

Et il frappait toujours. Nous étions hors de nous, et si nous avions pu approcher, ce vilain blanc aurait bien dû cesser ses mauvais traitements. Mais hélas! impossible d'aller jusqu'au wagon à cause des marécages. Paul m'ayant ramenée à mon feu je n'ai pas vu la fin. Il paraît que le blanc a chassé le pauvre malheureux, qui est allé se jeter dans l'eau pour rafraîchir son corps meurtri.

Et savez-vous ce qu'il avait fait cet homme pour mériter un traitement aussi barbare? Rien du tout que de chercher à faire son devoir. Le sang me bouillonne encore quand j'y pense. Voyant son wagon pris, le propriétaire, au lieu de travailler à le sortir, n'a rien trouvé de mieux à faire que de tomber à coups de fouet sur son conducteur, qui n'en pouvait mais. Celui-ci s'est défendu. Le blanc exaspéré a sauté sur lui, lui donnant des coups de pied, lui tenant la tête dans l'eau et finalement il appela à son secours ses compagnons et d'autres domestiques noirs pour lier le malheureux afin de lui administrer des coups tout à son aise! N'est-ce pas affreux? Kelly était indigné et il a cherché à parler à ces gens après l'affaire. Il s'adressa à l'un des autres blancs, espérant faire plus d'effet, mais pour toute réponse l'autre lui dit:

— Ah ! bah ! mon ami aurait dû le tuer avec son fusil, tout bonnement.

Quelles iniquités ! Nos gens en étaient tout remués, et nous aussi ! J'avais honte d'appartenir à la même race que ce blanc si barbare et si cruel.

J'admire les noirs, de supporter ces traitements sans chercher à se venger. Serait-ce étonnant si ce pauvre homme, indignement maltraité pour rien, essayait de se faire justice en tuant son maître ? Mais il n'en fera rien. Ces pauvres malheureux se sauvent, se cachent et se tiennent tranquilles.

CHAPITRE V

Dans les montagnes de Lydenburg.

Dans les hautes altitudes. — Presque manqué le pont. — De Charybde en Scylla. — Routes impraticables. — Paysage désolé.

Voilà plusieurs jours que je n'ai pu écrire, c'est que nous avons eu des journées assez pénibles et un froid ! Nous ne savons plus comment nous réchauffer. Même au milieu du jour nous conservons nos manteaux et nos châles. Vous pouvez vous représenter ce que c'est le matin et le soir ! Nos pauvres gens en souffrent terriblement, eux qui n'ont pas autant de vêtements que nous pour se couvrir ! Et encore nous n'avons presque pas de bois à brûler. Il faut se contenter de feu de fumier sec. Si je vous dis que nous avons été à une hauteur de 6700 pieds, vous ne serez pas surpris que je parle de froid. Etre à la hauteur du Moléson au commencement de l'hiver, c'est fait pour congeler des gens qui arrivent des tropiques ! C'est depuis le jour où je vous écrivais en dernier lieu que nous avons commencé à monter ferme.

Le jeudi 26 mai a été un jour assez néfaste. Le matin nous avons eu une terrible montée à faire. Chemin très rapide et, par endroits, couvert de grosses pierres. Les bœufs avaient bien de la peine, surtout ceux du wagon des bagages. Il faut dire que, la veille, maître Kelly avait vendu je ne sais combien de ses bœufs à des Boers que nous avons rencontrés. Il ne lui en reste plus que douze. Nous l'avons trouvé un peu imprudent, de se défaire ainsi d'une partie de son attelage au moment où le chemin commençait à être plus difficile. D'un autre côté, cela nous a prouvé que la charge de son wagon n'était pas extraordinaire, sans cela jamais il n'aurait passé avec ses douze bœufs là où nous avons passé ! Au haut de la montagne, nous trouvons une quantité de ruines de villages bassoutos. C'est tout ce qui reste pour montrer que le pays a été autrefois très peuplé. Les Boers, en battant Mapoch, le chef des natifs, il y a quelques années, ont chassé entièrement toute la population noire.

Peu avant de dételer, nous passons près d'une ferme misérable. Le Boer a fait un pont sur le ruisseau qui coule au pied de son ravin. L'intention était bonne, le pont est bien fait, mais trop étroit. On y descend par une pente très raide.

et si l'on ne dirige pas les bœufs de main de maître, on risque de manquer le pont tout juste et
de se lancer dans un petit précipice. Paul était
derrière, occupé à serrer pour empêcher le wagon
d'arriver en bas trop rapidement. Je vous ai dit
que Jonas était peu habile, aussi jugez de mon
effroi en voyant que le wagon n'a pas du tout
la bonne direction. Je craignais que Jonas ne
réussît pas à pousser les bœufs à temps. Ç'aurait été un terrible malheur. Aussi me suis-je
mise à crier de toutes mes forces le nom du ti-
monier qui devait nous remettre dans le bon
chemin, après avoir essayé en vain d'appeler
Paul pour qu'il vienne au secours. Grâce à Dieu,
nous avons bien passé, mais quelle frayeur!

Après dîner, nous arrivons à une rivière très
bourbeuse. Notre wagon passe le premier. Il enfonce si profondément que nous nous croyons
pris. Mais notre brave attelage nous en sort vic-
torieusement. Un peu plus loin, il y avait encore
un vilain trou de boue, mais à côté le chemin
était suffisamment large pour passer facilement;
aussi Paul n'eut-il pas l'idée que le wagon risquait le moindre danger et il retourna en arrière
pour aider au cart à sortir de la rivière. Notre
malheureux Jonas, averti pourtant par Mahlèkètè qui conduisait les bœufs de devant, nous

plante droit dans le trou! Voilà une roue de derrière si bien enfoncée que le wagon est tout penché et se tord d'une façon piteuse! Il faut prendre les bêches, creuser sous la roue correspondante pour redresser le wagon, enlever la terre devant la roue embourbée, etc. Tout cela prend du temps et, par malheur, le wagon des bagages est à son tour embourbé dans la rivière. Il aurait fallu lui porter secours immédiatement. car plus on attend, plus on enfonce. Malheureusement il fallait d'abord sortir notre wagon, qui barrait le passage. Quand on eut suffisamment pioché, Kelly amena ses bœufs, les attela devant les nôtres, et nous voilà dehors. Il conduit ensuite les deux attelages devant son wagon, mais au premier essai la chaîne casse. Bientôt on constate que les bœufs n'y peuvent rien. On détèle et on commence le long travail de soulever le wagon avec des crics pour glisser des pierres sous les roues enfoncées. Notre brave Boer ne perd pas sa bonne humeur pour tout cela:

— Vous voyez, nous disait-il, je n'aurais pas pu passer à un endroit meilleur, ainsi ce n'est la faute de personne si je sticke, cela me console.

Nous fîmes du café pour réconforter Kelly et nous-mêmes. Puis quand le travail fut achevé,

Un accident de wagon dans les montagnes de Lydenburg.
(D'après une photographie de M. F. H. Gros.)

on amena de nouveau les deux attelages. Le wagon sortit splendidement, mais, hélas! Les bœufs étaient si bien lancés qu'ils n'écoutaient plus rien, et avec son long attelage, le pauvre Kelly avait les mouvements si embarrassés qu'il ne put manœuvrer assez rapidement et son wagon s'en alla tomber dans le trou d'où nous sortions !!! C'était mauvais ! La roue de gauche de derrière alla si profond que cela fit basculer le wagon. De l'endroit où j'étais je le vis s'incliner à droite et à gauche. Une des roues, du côté opposé se trouva même en l'air, à un quart de pied environ au-dessus du sol. Paul et plusieurs hommes se précipitèrent de ce côté-là et réussirent à faire retomber la roue sur terre, mais il s'en fallut de bien peu que le wagon ne versât dans un vilain bourbier. C'est çà qui aurait été gai ! Outre les dommages qu'aurait subis le véhicule, pensez donc à nos pauvres caisses et ballots pleins d'eau et de boue. C'était encore une vraie délivrance. Notre pauvre Kelly était bien navré :

— Vous voyez, disait-il, j'ai fait la faute !

Mais il était certes plus excusable que Jonas. Naturellement il fallut dételer et se résigner à passer la nuit en cet endroit. C'était bien près de l'eau, l'air était froid et humide, mais que faire?

Le lendemain matin, de très bonne heure, un Boer. très brave homme, passant près de là, vit notre malheur et nous aida de toutes ses forces à le réparer. Il ne se contenta pas de donner de bons conseils, il prit la bêche et avança la besogne. Il fallut décharger en partie, puis glisser des pierres sous les roues,... toujours les mêmes longues histoires. Enfin nous voilà hors d'affaire. Nous avions perdu du temps dans ces trous, aussi fallut-il renoncer à l'espoir d'arriver à Lydenburg le samedi, comme nous le pensions.

Au milieu de la matinée, on se remet en route. Encore un passage boueux, mais sans malheur cette fois, puis des chemins de montagne pas jolis du tout, des descentes rapides, des pierres énormes, des montées pénibles. On dételle pour le dîner. Malgré le soleil, le vent nous glace. On se sent sur les hauteurs. De notre campement, nous voyons un mauvais bout de chemin, une route très penchée, chose dangereuse car les wagons peuvent y perdre l'équilibre et dégringoler!... Aussi ne se met-on en route qu'avec quelque appréhension. Vous le comprendriez si vous pouviez jeter un coup d'œil sur cette route, si on peut appeler çà une route! Il s'agissait de contourner le versant de la montagne. Tantôt le chemin est un amas de blocs. Le wagon saute de l'un à l'autre. Il ne faudrait pas qu'il sautât plus loin, sur le talus!... Tantôt le chemin est tout creusé du côté de la pente et on tremble en voyant pencher la tente ; c'est angoissant je vous assure! Et quelle nature! C'est funèbre! Tout autour de soi on ne voit que des montagnes nues, avec des amas de rochers. Pas un arbre, ni un buisson, ni un être vivant. L'incendie de la prairie vient de passer, tout est noir, on respire un air de cendres et de charbon. Je me sentais toute triste, et il me semblait que chacun de ces mauvais pas nous séparait davantage de Valdezia et des amis des Spelonken !

Il y eut encore un passage très difficile. Il s'agissait de descendre à un gué, le seul endroit où l'on pût passer le ravin, par un chemin très rapide, très penché, qui faisait un brusque contour. Au moment d'arriver au gué, il y a comme un escalier. Les bœufs et les wagons y tombent positivement, ou bien y sautent si vous aimez mieux. J'étais de l'autre côté à regarder, toute tremblante, je vous avoue. Ces terribles chemins finissent par vous énerver quelque peu. Vous pensez si je demandais à Dieu de nous préserver de malheur! Grâce à Lui, tout alla bien, et c'est avec un sentiment de soulagement que nous nous trouvâmes réunis sur l'autre versant! Kelly assure qu'on ne le verra pas de sitôt à Lydenburg. Il nous fallut marcher plusieurs heures avant de trouver de l'herbe pour nos bœufs, tout était brûlé. Il faisait nuit depuis longtemps quand, enfin, nous pûmes en trouver dans un petit vallon où plusieurs wagons de Boers étaient établis.

Le lendemain, hier, brouillard épais jusqu'au milieu du jour. Pas moyen de se réchauffer autrement qu'en marchant. Du reste nous sommes forcés de marcher presque tout le temps, car ce ne sont que descentes rapides et chemins qui ne donnent pas envie de rester dans le wagon. Avant le dîner nous traversons une rivière par un gué abominable ! Kelly nous quitte après avoir fait toilette pour aller avec Couvet passer le dimanche à Lydenburg, dont nous ne sommes plus guère éloignés que de trois traites. Nous continuons encore à marcher pendant quelques heures pour trouver un campement pour le dimanche, et nous passons une rivière par un des plus affreux gués que j'aie vus. Une berge tout étroite pour descendre sur des bancs de rochers qui risquent d'accrocher les roues. Paul attache la roue de derrière avec une chaîne, ne se fiant pas à notre mécanique, qui est un peu faible. Les bœufs ont une peine terrible à prendre pied entre les blocs. Ils trébuchent et glissent. Pourtant nous passons assez bien. La difficulté, c'est le wagon des bagages. Shadrak a grand peur qu'il ne verse. Il fallut environ trois quarts d'heure pour lui faire passer ce gué. Nous avions pu passer à pied sec, heureusement, en sautant sur les pierres. Quand cela peut se faire, vous pouvez croire que je ne reste pas dans le wagon pour des passages comme cela! Le pays n'est toujours pas joli : point d'arbres; l'herbe brûlée presque partout. Ce n'était pas un bel endroit pour passer notre dimanche de Pentecôte. Mais nous n'avions pas le choix. Nous espérons arriver demain soir à Lydenburg, en faisant, comme à l'ordinaire, deux traites, une le matin de $7\,^1/_2$ à 10 ou 11 heures; l'autre de 2 à 5 heures.

Aujourd'hui nous nous sommes régalés d'un rôti d'antilope; Kelly avait reçu d'un Boer que nous avons rencontré, un gigot qu'il a partagé avec nous.

CHAPITRE VI

A Lydenburg.

Le pasteur Neetling. — Le missionnaire Bauling. — Assaut de bons procédés. — La neige. — Difficulté de trouver des wagons. — A la station missionnaire. — Indigènes de trois tribus. — Un aveugle qui veut être guéri. — Large hospitalité. — Abondance de provisions de route. — Un serpent à quatre pattes.

Enfin nous y sommes à ce Lydenburg, après quatre semaines à peu près de voyage! Quel bonheur d'y être arrivés sans accident, malgré les mauvais chemins! Dieu nous a bien gardés! Lundi soir, nous sommes arrivés tout près de la ville. C'est assez joli, il y a beaucoup d'arbres autour des maisons. Paul s'en alla tout de suite chez M. Neetling, le pasteur hollandais pour lui demander des conseils. Il connaît son père, qu'il a vu à Stellenbosch autrefois. Il fut reçu très aimablement. M. Neetling lui offrit sa remise à wagon pour y loger nos caisses, en attendant que nous ayons trouvé des wagons. Il mit aussi une chambre à notre disposition, mais nous avons décliné l'offre, car Mme Neetling a un second enfant depuis trois ou quatre jours. Ce n'est donc pas le moment d'aller s'installer chez eux.

Le lendemain matin, nous entrons dans la ville avec nos deux wagons. On décharge celui de Kelly devant la maison de M. Neetling et nous allons camper un peu plus loin, dans un endroit où nous sommes tout à fait indépendants et chez nous. Seulement il fait froid, rien ne nous abrite contre le vent piquant. M. Neetling nous a fait une longue visite hier après-midi et il est venu encore ce matin nous avertir que la poste part aujourd'hui. Il est tout triste de nous voir installés en plein champ et s'excuse de ne pas nous avoir pressés de venir chez lui. Mais nous le rassurons tant que nous pouvons.

Plus tard Paul rencontra M. Bauling, missionnaire berlinois, dont la station est à quelque distance. C'est un ami des Schwellnus[1] et il était averti de notre arrivée. M. Bauling nous croyait chez les Neetling. Quand il sut que ce n'était pas le cas, il nous écrivit pour nous inviter chez lui. Paul y est allé à cheval ce matin, pour expliquer à M. Bauling que nous avons avec nous une bande de gens et que nous ne pourrons guère

---

[1] Missionnaires de Tsakoma, la station berlinoise la plus rapprochée de Valdézia.

les planter là pour aller plus loin. Il a trouvé M. et Mme Bauling extrêmement aimables. Ils l'ont pressé d'accepter leur invitation et ils nous engagent à amener toute notre bande à la station. On logera nos gens dans l'école. Nous en sommes bien heureux, car nous souffrons de les sentir coucher dehors par ce froid ! Ainsi nous déménageons demain tous ensemble. Nous aurons ainsi le temps de finir nos affaires ici et de faire une ou deux visites. Il nous faudra aller chez M. Neetling et aussi chez une dame du voisinage, belle-sœur de Kelly, qui est venue aimablement nous faire visite cet après-midi.

Nous ne savons trop comment nous continuerons notre voyage. On nous dit ici qu'on trouve difficilement du transport pour Delagoa Bay, il y a trop à gagner du côté de Barberton. Peut-être pourrons-nous avoir des gens de la station de M. Bauling, nous verrons. En tout cas, nous ne pouvons pas nous remettre en route tout de suite, c'est certain. Nous ne sommes pas fâchés que nos bœufs aient du repos. Ils en ont besoin après leur rude voyage. Kelly est reparti aussi vite que possible. Nous lui avons donné des lettres pour les Spelonken.

12 juin. — Le 2 juin, nous avons quitté notre campement pour venir nous installer chez les

Bauling. Nous fûmes reçus avec une grande cordialité par Mme Bauling. Son mari avait dû s'absenter pour une affaire pressante, et il ne rentra au logis que le lendemain. On nous avait préparé une bonne grande chambre qui a son entrée indépendante dans la cour. Paul fit amener son wagon tout près de la porte, de sorte que nous sommes très bien installés, avec toutes nos affaires sous la main. Nous étions fameusement contents de quitter le wagon pour demeurer dans une maison, et encore plus contents de ne plus sentir nos pauvres gens dormir dehors par ces nuits d'hiver. M. Bauling a mis à leur disposition le bâtiment d'école, dans lequel ils peuvent se réfugier pour la nuit. Le jour, ils cuisent leur nourriture et se tiennent dans la cour, tout près de notre chambre.

Combien nous avons été reconnaissants l'autre jour d'être tous à l'abri quand, en nous levant le matin, nous nous sommes aperçus que tout autour de nous les montagnes étaient couvertes de neige, oui de neige africaine, jusqu'à leur base. Ici c'est tombé en pluie, mais la neige était tout près, et si nous avions été en route, nous nous serions réveillés au milieu d'un beau tapis blanc, car on ne peut pas sortir de Lydenburg sans s'élever sur les montagnes qui l'entournent de tous les côtés. Nos gens étaient frappés de stupeur ! La neige leur fait toujours une peur terrible, et plusieurs d'entre eux n'en avaient encore jamais vu ! Tout le jour ils restèrent immobiles autour du feu, sans rien faire, comme s'ils étaient à moitié morts ! Il faut dire que l'air était si froid, que le soleil ne parvenait pas à donner suffisamment de chaleur pour nous réchauffer. La couche de neige ne devait pas être bien épaisse, car vers la fin de la matinée, tout avait disparu. Mais je plains les pauvres noirs qui étaient en voyage dans les montagnes. On en trouve souvent qui sont morts de froid sur la route. L'année passée, on en a découvert quinze à la fois, si je ne fais erreur, qui s'étaient couchés au bord du chemin pour ne plus se relever. Ce n'est pas étonnant. Avec leur apathie, ils n'ont pas la force de résister et de lutter ; ils ne trouvent point de bois pour faire du feu sur ces hauteurs et ils ne savent rien faire d'autre que de s'étendre par terre, enroulés dans leurs minces couvertures. Chaque jour il y a une forte gelée blanche le matin et il souffle un vent froid, mais le soleil est chaud dans ce pays et on parvient à se réchauffer pendant qu'il brille.

Je pense que vous êtes un peu surpris que nous soyons encore ici ! Certes il n'entrait guère dans nos plans de nous arrêter quinze jours à Lydenburg. Mais il n'y a pas de notre faute dans ce retard. Il vient de ce qu'il nous a été impossible de trouver un wagon pour nos bagages.

Si nous eussions été seuls la chose eût été bien simple. Nous serions partis avec notre wagon, laissant notre bagage en arrière. On aurait pu nous l'expédier plus tard par transport. en le faisant passer par Barberton. Mais que faire de nos gens et de tout ce qu'il leur faut? Même en sortant du wagon tout ce qui ne nous est pas indispensable, nous n'aurions pas place pour y loger leur nourriture, leurs habits, leurs ustensiles, etc. Il ne nous restait, semblai-t-il, qu'à suivre l'avis des marchands : faire le tour par Barberton. On trouve facilement des wagons jusque-là, et il y a beaucoup de transport entre Barberton et la côte, quoique la tsétsé y soit tout aussi mauvaise, si ce n'est plus, que sur le chemin de Delagoa ici.

Ce projet nous souriait peu, car, en passant par Barberton, nous ne gagnions absolument rien, nous perdions du temps et nous nous exposions à toutes sortes d'ennuis. C'est alors que le brave M. Bauling eut la bonté de nous offrir son propre wagon avec quatre de ses bœufs (les seuls dont il puisse se passer) en disant qu'il chercherait à former un attelage complet, avec le secours des gens de sa station. Plusieurs des chrétiens se prêtèrent à la chose en fournissant chacun deux ou quatre bœufs, de sorte qu'il s'en est trouvé seize en tout. Nous osions à peine accepter l'offre généreuse de M. Bauling, car nous avions peur qu'il n'arrivât malheur soit au wagon soit aux bœufs. Mais il nous a pressés d'une manière si aimable et cordiale que nous avons fini par accepter. M. Bauling s'est arrangé avec un marchand d'ici, pour lequel le wagon ramènera des marchandises et nous paierons pour la course £ 18 (450 francs). Si tout va bien, et qu'aucun bœuf ne périsse, l'affaire sera bonne pour les loueurs de bœufs. Mais si nous trouvons la tsétsé sur notre chemin, alors ce sera différent. En tout cas, M. Bauling nous rend là un service de frère et d'ami dont nous nous souviendrons, je vous assure.

Au reste nous n'oublierons pas de sitôt l'accueil qu'on nous fait ici. C'est un vrai rafraîchissement pour nous, au milieu de notre voyage un peu pénible, de nous trouver pendant quelques jours chez ces chers amis et de recueillir tant de témoignages de bonté et d'intérêt. Les Bauling sont si simples, si pleins de vraie cordialité et de vraie charité, qu'on se sent chez eux aussi à l'aise que chez des parents qu'on connaîtrait depuis longtemps. Tous deux parlent anglais, ce qui facilite les entretiens. Ils ont six enfants. Les deux aînés sont depuis quelques semaines à Botchabélo à l'école. Il leur reste les quatre cadets, dont le plus jeune, une petite Hilda, a un an et demi, c'est une enfant délicate qui donne bien à faire à sa maman. On ne mène pas une vie de paresse à la station. Mme Bauling a une grande besogne avec toute sa petite bande, son gros ménage, la station et des allants et des venants continuellement. J'admire son calme et sa patience au milieu de toutes les complications de sa vie ! Elle a assez peu de secours des natifs, car les filles qu'elle emploie pour lui aider ne veulent jamais rester plus de deux mois. Il lui faut donc continuellement en mettre d'autres au courant de l'ouvrage de la maison. Les natifs sont gâtés ici. Ils ont autant de travail qu'ils en veulent, à la ville, et ils se font payer en conséquence. Ce n'est pas comme aux Spelonken, où ils sont tout heureux de trouver quelque chose à gagner.

M. Bauling, lui aussi, est très occupé. D'abord sa station est grande, et il n'a pour lui aider qu'un jeune maître d'école. Il a en outre une espèce de succursale en ville, c'est-à-dire qu'il va tous les dimanches après-midi prêcher en boer à une congrégation noire. De plus, il va beaucoup évangéliser à de grandes distances, tantôt à cheval tantôt en wagon. Il est un peu médecin, aussi les Boers viennent-ils souvent le consulter. Tous les jours, il arrive des individus à cheval ou en carriole pour demander des médicaments. Quelquefois, à peine l'un est-il loin qu'un autre arrive. Il est très gai et plein d'entrain. Sa largeur chrétienne et sa bonté le rendent sympathique; plus on cause avec lui, plus on l'aime et l'apprécie.

La station est très jolie. On voit que c'est une vieille station, dans laquelle un même missionnaire a travaillé longtemps. L'église est en style gothique, avec des fenêtres en ogive et un porche surmonté d'une croix blanche et de dessins architecturaux. Au fond, un chœur pour l'autel, qu'ornent une belle croix et deux candélabres en marbre blanc. Un peu en avant il y a une jolie petite chaire et un beau baptistère. Les bancs sont en bois, sans dossiers. On a planté, devant les fenêtres, d'un côté du lierre et de l'autre de la vigne. Ces plantes interceptent un peu la lumière, ce qui donne au bâtiment à l'intérieur un air de poésie et de mystère qui s'allie très bien avec le culte luthérien. J'ai eu un vrai plaisir à revoir du lierre! Une des fenêtres du fond en est entièrement couverte. Ce sont les chrétiens de la station qui ont bâti l'église en deux ans, mais pas sans peine.

D'un côté de l'église, il y a l'école, joli petit bâtiment de deux pièces; de l'autre, la maison missionnaire, avec une aile derrière. Elle est toute simple, mais bien combinée et confortable. Nous sommes ici dans la civilisation : la plupart des chambres sont tapissées, ce que nous n'avions pas vu depuis longtemps!

Le village des chrétiens s'étage sur la colline un peu plus loin. Il est divisé en trois parties distinctes. En bas, il y a les maisons des Magouamba, car il y a plusieurs familles de cette race parmi les ouailles de M. Bauling. Ils sont très heureux de nous entendre parler leur langue. C'est eux qui ont fourni les bœufs pour le wagon des bagages, et le driver sera l'un d'entre eux. Plus haut demeurent les noirs qui parlent boer, et qu'on appelle *Orlams,* je ne sais pourquoi; ce sont les plus civilisés. Enfin, perchés sur le sommet de la colline, les Basouto ou Bapédi, qui font un peu bande à part. Ces trois classes distinctes se mélangent assez peu, paraît-il.

Les Magouamba sont tout heureux de venir

Station missionnaire de Lydenburg.

causer avec nos gens et de voir leur langue imprimée dans le Boukou. Le dimanche, ils viennent en troupes demander à nos chrétiens de leur chanter des cantiques. Je crois qu'ils sont assez émerveillés de les voir chanter d'après les notes.

Le père de notre driver, un vieillard de quatre-vingts ans environ, est aveugle. Il a appris par notre bande que Paul a opéré deux aveugles aux Spelonken, et dès lors son idée fixe c'est de recouvrer la vue. Il est venu prier Paul de lui faire l'opération. Naturellement il lui répondit que c'était impossible, en aussi peu de temps. Mais le vieux ne se tint pas pour battu et déclara qu'il voulait nous suivre. Chacun cherchait à l'en dissuader, en lui représentant que de longtemps nous n'aurions pas un établissement convenable qui permît d'entreprendre une opération pareille, et qu'il aurait à attendre au moins un an là-bas avant que Paul eût le temps de s'occuper de lui. Il n'en voulut pas démordre et Paul ne se sentit pas le droit de lui refuser absolument la chose, puisque c'était son fils qui devait nous accompagner et fournir plusieurs des bœufs. Pour moi, je n'étais pas contente du tout, car Paul aura déjà tellement de besogne que je redoute ce surplus. Aussi fus-je très heureuse l'autre jour, quand le vieux vint dire qu'il se décidait à attendre à l'année prochaine. C'était le lendemain de la neige, et je pense que le pauvre homme a eu surtout peur du froid, quoiqu'il ait donné d'autres raisons.

Outre les Bauling, plusieurs personnes ont été très bonnes pour nous à Lydenburg; les Neetling nous ont envoyé viande, patates, pain, etc., au wagon et ont absolument voulu nous inviter un jour; puis la belle-sœur de M. Kelly, Mme de Couto (son mari est Portuguais), est venue nous faire une gentille visite au wagon, et nous a envoyé le lendemain, pour le déjeuner, du magnifique poisson cuit au vinaigre avec un pain.

Ici chez les Bauling, deux familles Coester (prononcez Kouster) qui habitent dans le voisinage sont venues nous voir. Malheureusement ils ne savent que le boer et il faut avoir recours aux Bauling pour s'entendre. Ce sont d'excellentes gens, de vrais chrétiens, qui aiment bien les missionnaires. Nous sommes allés les voir un après-midi, toute la bande. Comme il y avait une rivière à passer, nous avons pris le cart, où nous nous sommes entassés, Mme Bauling et moi, avec les quatre enfants! C'était très drôle! Les messieurs étaient à cheval. Chez la première dame Coester, on nous offrit du café et du gingembre en confiture, et chez la seconde, une demi-heure plus tard. du thé et des bonbons. Nous avions pris du café chez les Bauling juste avant de partir, et c'était pénible d'avoir encore à avaler tant de choses, mais on n'aurait osé refuser, sous peine d'offenser ces braves gens. C'est la mode du pays de vous offrir du café toutes les demi-heures. On sert les messieurs avant les dames chez les Boers!! La ferme des Coester est jolie, les maisons confortables et bien tenues. Hier, une de ces dames m'a envoyé une grande boîte pleine d'une espèce de biscuits de sa confection, très commodes en voyage parce qu'ils se gardent longtemps. L'autre m'a fait cadeau d'une douzaine d'œufs. Et on nous a promis encore des patates et des pommes de terre. Voyez comme de tous les côtés on nous gâte.

Mardi 14 juin. — Le wagon est tout prêt, nous allons quitter la station pour aller charger le wagon de marchandises en ville. Nous partons comblés de biens. Les Bauling ont tué hier un bœuf pour avoir de la viande à nous donner. Madame a fait une fournée de pain et de *rusk* [1]. Elle m'a donné en outre des provisions de pêches et de coings secs. Les Coester nous ont envoyé

[1] Pain séché au four pour l'empêcher de moisir.

un demi-sac de patates et autant de délicieuses pommes de terre roses. Bref nous sommes pourvus de tout le nécessaire et même du superflu pour longtemps. Hier nous sommes allés en ville pour la seconde fois, Paul et moi, en cart attelé de nos deux « chevaux à cornes! » Ce petit cart est vraiment bien utile, quand même c'est un si drôle d'équipage qu'il fait sourire bien des gens et que M. Neetling, en particulier, s'en amuse beaucoup. Il est si léger que les bœufs courent presque tout le temps, et cela va presque aussi vite qu'avec de vrais chevaux

Nous vous envoyons un petit paquet contenant un serpent sec. Ce qu'il a de drôle, ce serpent, c'est qu'il a quatre pattes. C'est la première fois que nous voyons un serpent à pattes, mais nous avions entendu dire qu'il en existait. Celui-ci traversait tranquillement la route quand nous l'avons aperçu au moment où Paul allait poser le pied dessus. Il a fallu beaucoup de peine pour le tuer. Ces malheureux serpents, quand même ils sont tout coupés se démènent encore avec vigueur. Peu de temps avant notre départ de Valdézia, je vois devant la véranda un de nos chats qui essayait de tuer un petit serpent. Seulement celui-ci se dressait en ouvrant sa gueule, notre chat avait peur et retirait sa patte ! Je pris une pelle, coupai le reptile en deux ou trois morceaux et portai la tête à Paul pour qu'il pût voir quelle espèce c'était. Eh bien ! voulez-vous croire que ce tronçon d'animal ouvrait une grande bouche, comme s'il voulait encore essayer de nous mordre !

CHAPITRE VII

De Lydenbourg à la frontière portugaise [1].

Dans les montagnes. — Casse-cou. — Un aimable compagnon de voyage. — La mouche tsétsé. — Emotions d'une traite nocturne. — Une vache éclopée. — Passage du Krokodil River. — Une boulangerie de campagne.

Le 15 au matin, nous nous mettons en route du côté du sud-est, remontant la pente au bas de laquelle est situé Lydenburg. Comment vous décrire ces affreux chemins de montagnes? Je ne me sens vraiment pas à la hauteur de la tâche. On nous avait bien annoncé que c'était une route très pénible; nous y étions préparés, mais on nous avait dit que celle-ci était la meilleure des trois qui mènent de Lydenbourg au littoral; or donc que doivent être les autres? Pendant plusieurs jours la route fait des zigzags dans des hauteurs qui varient de 1500 à 2000 mètres d'altitude. On pourrait y faire aisément une bonne route comme on en voit en

---

[1] Pour les quelques jours qui suivent le départ de Lydenburg, il y a une lacune dans la correspondance de M⁼ᵉ Berthoud. Nous la comblons au moyen d'une lettre de son mari. (*Ed.*)

Suisse. Les Anglais ont fait donner par-ci par-là quelques coups de pioche et de bêche. Sans cela on ne pourrait y passer avec de lourds chariots et il faudrait se contenter de faire le voyage à pied ou à mulet. Comme course de montagne ce ne serait pas mal ; les sommités, les rochers, les vallons, les corniches, les précipices, les éboulis de rocailles, même les cascades qui disparaissent dans les abîmes,... rien n'y manque. Mais pour des voyageurs comme nous, transportant leur maison roulante et leurs effets, toute leur existence, quel labeur !

Le wagon, traîné par ses six ou sept paires de bœufs, doit souvent traverser des passages dangereux ; parfois ce sont des dos d'âne où il y a à peine place pour la route entre le précipice à droite et le précipice à gauche ; ou bien il faut longer des corniches hasardées qui dominent des gouffres insondables, et si la voiture s'écartait d'un mètre de l'ornière, elle serait précipitée de telle façon qu'on n'en retrouverait pas vestige ; ou bien il faut prendre en écharpe une pente raide où la difficulté de la descente est unie au danger de verser, parce que les deux roues d'un côté se trouvent presque d'un mètre plus élevées que celles de l'autre côté, et alors on est obligé de se mettre cinq ou six hommes à retenir le

Dans le Drakensberg, entre Lydenburg et la frontière portugaise.
D'après une photographie de M. F. Baumann.

wagon au moyen de fortes lanières de cuir.
fixées au flanc du véhicule. Ailleurs on doit
escalader ou au contraire descendre de vérita-
bles escaliers de roc qui font penser aux assises
des pyramides égyptiennes. J'ai mesuré une des
plus belles marches de ces « escaliers ; » elle
avait 65 centimètres. Ces chemins abondent en
fortes rampes de 30 à 40 %, et j'en ai trouvé
plusieurs fois de 50 %, surtout sur le roc. Naturellement sur une pareille inclinaison on ne peut
s'attendre à voir un seul attelage tirer en haut
un chariot de quarante quintaux; il faut dou-
bler, ce que nous avons dû faire plusieurs fois.
Mais je ne sais ce qui est le pire, le plus angoissant d'avoir à escalader ou d'avoir à dégringoler. Par exemple en descendant la pente orientale du Spitzkop, à quelles précautions n'a-t-il pas
fallu recourir! J'avais enrayé, attaché moi-même
avec des chaînes les deux roues de derrière et
une roue de devant; j'avais fait passer sous une
des roues de derrière un tour de la plus grosse
chaîne pour qu'elle mordit dans le sol, puis je
criai: « En marche ! » et presque aussitôt après :
« Halte ! » Je craignais que les bœufs ne pussent
pas retenir le wagon une fois en mouvement ; et
certes ils eurent assez de peine, bien que ce fussent des bêtes fortes et lourdes ; après cela j'hé-

sitai à continuer et pensai à enrayer la qua-
trième roue ; cependant nous nous en tirâmes
sans cela.

Dans ces montagnes les wagons faillirent
verser trois ou quatre fois ; et comme « tant va
la cruche à l'eau... » le wagon des bagages versa
un beau jour en plein midi ; mais, chose absurde,
à un endroit où la route n'était pas très mauvaise. Bien des ustensiles, des chaises ou autres
petits meubles furent écrasés et anéantis ; cependant, pour un accident pareil, les dommages ne
pouvaient guère être moindres que cela.

Je ne parle pas des bourbiers où l'on reste
empêtré des demi-journées, car cela se rencontre
sur toutes les routes sud-africaines. Mais nous
avons été heureux quand nous avons eu derrière
nous ces terribles montagnes. Cela donne le ver-
tige de voir ces énormes voitures sauter lourdement de pierre en pierre, et on se demande à
chaque instant si elles se briseront ou rouleront
dans le précipice.

Réussirai-je à décrire un de ces passages ?
Nous venions de suivre pendant près de deux
heures une corniche très élevée en dessus d'un
haut sommet. Soudain nous nous trouvons sur
une terrasse d'environ deux cents mètres de
large, dont le pourtour est marqué par des

rochers presque à pic. Vers le milieu, une fissure. un couloir descend tout droit vers un épaulement inférieur, mais celui-ci n'est relié au couloir que par un étroit dos d'âne en biais, donc pas du tout vis-à-vis de la fissure. C'est le seul chemin possible. La pente n'est pas longue, mais formée d'escaliers de roc à peu près verticaux, et la ligne directe aboutit à un gouffre étroit dont je n'ai pu voir le fond. De plus, on nous annonce que le wagon des bagages était penché sur le bord du talus, près de verser, à une demi-lieue en arrière et qu'on n'osait pas lui faire faire un pas de plus. Il n'y avait pas à hésiter : il fallait d'abord conduire ma femme, mon wagon, les femmes indigènes et leurs enfants en un lieu sûr où l'on pût camper, quitte à remonter ensuite avec les hommes pour aller au secours du chariot en détresse. Mais cette descente exigea le déploiement de toute la prudence et de toute la stratégie dont nous étions capables. L'Éternel nous protégeait et tout alla bien. A peine notre wagon dételé, je remontai vers celui des bagages; mais l'obscurité de la nuit nous empêcha de rien faire. Ce fut seulement le lendemain qu'avec mille précautions on déchargea les caisses, afin de remettre le véhicule sur la route; les trois quarts de la journée y passèrent. J'ai déjà parouru en Afrique près de dix mille kilomètres avec ma maison roulante, mais elle n'avait jamais traversé de pareilles impasses [1].

Un nouveau compagnon de voyage s'est joint à nous ; c'est M. Robertson, un Ecossais. Déjà à Lydenburg il nous avait demandé s'il pourrait venir avec nous, et mon mari lui avait dit que si nous trouvions deux wagons pour nos bagages, nous pourrions le prendre, lui et ses caisses. N'ayant pas trouvé les deux wagons, nous n'avons plus pensé à lui. Nous étions en route depuis cinq jours, quand il nous rejoint et s'informe s'il est possible de lui faire place sur le wagon des bagages ; mon mari lui explique que nous avons dû laisser une partie de notre bagage à Lydenburg.

— Eh bien ! dit M. Robertson, me permettez-vous de m'associer à vous ? Je ne suis pas accoutumé aux voyages en Afrique ; je crains d'aller seul.

Il aurait été peu charitable de refuser ce service. M. Robertson est du reste très gentil, et nous faisons bonne connaissance ; nos gens l'aiment beaucoup, et comme Matsivi parle anglais,

---

[1] Ici finit l'emprunt fait à M. Berthoud. Le récit de Mme Berthoud reprend le 30 juin, quinze jours après le départ de Lydenburg. (*Ed.*)

M. Robertson cause souvent avec lui; il est, je crois, très étonné de trouver un noir aussi développé et aussi instruit que notre régent. Zakaria est très en souci pour lui et il m'a presque grondée l'autre jour de ce que je ne l'invitais pas tous les jours, puisqu'il n'a personne qui puisse prendre soin de lui! Je lui ai expliqué que nos provisions pourraient n'y pas suffire et que d'ailleurs j'avais déjà bien à faire sans cela. Il a compris mes raisons, mais quand nous prions notre compagnon de route de prendre un repas avec nous, Zakaria en a l'air aussi satisfait que lui.

M. Robertson ne comprend pas que nous puissions être heureux dans notre vie, selon lui si dépouillée. Grand a été son étonnement quand il me disait: « J'espère que vous trouverez à Lourenço Marques de gentilles dames que vous pourrez aller voir » et que je lui ai répondu que je n'y tenais pas du tout et que j'avais assez d'ouvrage et d'intérêt dans notre intérieur pour ne pas désirer avoir à côté de cela des devoirs de société. Il me disait avec une naïveté jolie à constater:

— Je suppose qu'il y a des gens qui peuvent se résigner à des vies pareilles.

Mais il avait l'air de n'y rien comprendre.

Mon mari lui a offert de se servir du cheval tant qu'il voudrait. Il en est très reconnaissant, car la marche le fatigue ; aussi ne perd-il pas une occasion de nous faire des politesses et des gracieusetés. L'autre jour, il a acheté de la viande pour nos gens. Une autre fois, il m'a apporté une charmante pépite trouvée dans une des rivières qu'il exploite. C'est qu'il est chercheur d'or pour le compte de plusieurs propriétaires de fermes et qu'il s'en va montrer aux intéressés des spécimens de l'or qu'il a trouvé. Il nous fait voir sa collection de pépites. C'est très intéressant. Celle qu'il m'a donnée a une très jolie forme. Il l'a choisie ainsi pour que je puisse la porter à ma chaîne de montre. Il nous a fait cadeau aussi d'une boîte de miel et de deux boîtes de poisson conservé qu'il a achetées dans une boutique. Je me régale de ce délicieux miel. Vous voyez que nous avons là un compagnon de voyage très agréable et qui ne nous procure que du plaisir

Après être sortis des montagnes qui entourent Lydenburg, nous nous sommes trouvés dans un pays assez plat, mais brûlé presque partout ; il était souvent difficile de trouver de l'herbe pour les bœufs. Et puis la chaleur ! Que doit-ce être en été ? Aussi trouvons-nous des oliviers et des palmiers nains à plusieurs endroits.

Le samedi après-midi, nous arrivons à la limite de la tsétsé, suivant les renseignements des Boers de Lydenburg. Nous nous informons aux nombreux natifs que nous rencontrons, et tous nous disent qu'il n'y a point de tsétsé sur la route et que nous n'avons rien à craindre. Mais au fait, cela ne changea rien à nos projets quant à l'endroit soi-disant infesté. Nous sommes obligés dans tous les cas de le passer de nuit, car il ne s'y trouve point d'eau pour les bœufs. Il faut environ dix heures de marche pour traverser et si on faisait cela de jour, les bœufs périraient de soif. Donc, après bien des hésitations et des conférences avec les hommes de la bande, nous décidons de rester là où nous étions arrivés et où il y a un peu d'eau et d'en repartir le dimanche, à quatre heures de l'après-midi. Nous n'aimions pas nous mettre en route ce jour là, mais il n'y avait guère moyen de faire autrement, à moins de retarder de 24 heures notre départ. Ma provision de café moulu étant épuisée, je profite du samedi soir pour en griller une bonne quantité, et Zakaria et Mahlékété le moulent tour à tour.

A quatre heures, le lendemain, on se met en route pour une longue nuit de veille et de marche. Nous étions quelque peu inquiets de notre pauvre vache Blum. Elle était si fatiguée qu'elle avait de la peine à avancer et nous nous demandions si elle pourrait marcher jusqu'au matin. Le voyage l'a beaucoup éprouvée. Elle est toute maigre et, par moments, tremble sur ses jambes. Nous avons acheté à Lydenburg un peu de sorgho pour tâcher de la remonter et nous lui en donnons de temps en temps une bonne ration. Pendant la première traite, tout va bien. On détèle un moment, à sept heures, pour goûter et pour faire manger les bœufs. Il y a un peu d'eau dans un trou, mais pas de quoi faire boire notre attelage. Nous rencontrons là deux blancs qui se rendent à Barberton en voiture. L'un d'eux donne à Paul tous les renseignements possibles sur la route. Il nous dit que nous aurons probablement quelque peine à traverser les deux rivières que nous avons devant nous, Krokodil-river et Nkomati. Les gués sont bons, mais il y a beaucoup d'eau et il pense qu'au Nkomati l'eau pourrait bien entrer dans les wagons.

Quand chacun a fini de manger, on fait provision d'eau pour la route et on attèle. Malheureusement la nuit est noire. La petite lune sur laquelle nous comptions est cachée par les nuages. Il faut avancer quand même, et Zakaria est envoyé en avant en éclaireur, avec ordre d'avertir lorsqu'il verra quelque trou ou quelque difficulté sur le chemin. Au reste, la route est assez bonne, mais à chaque instant on descend dans de petits ravins qui sont probablement des torrents en été, et il faut prendre soin de rester au milieu du chemin pour ne pas risquer de se jeter dans un trou. Nous marchions depuis assez longtemps, quand tout à coup nous voyons les bœufs trébucher et enfoncer. Le wagon suit, penche, penche si bien qu'à chaque instant nous nous attendons à le voir verser pour tout de bon. A force de crier, on réussit à arrêter les bœufs. Nous sautons dehors et nous nous apercevons que les roues de droite sont dans un fossé profond et et que, si le wagon n'a pas versé tout à fait, c'est qu'il est appuyé contre un talus. Il fait triste mine, notre wagon ! Et ce n'est pas gai de le voir dans cet état, si loin de l'eau et par une nuit sombre ! On examine la position avec soin pour savoir ce qu'il y a à faire. Le talus qui soutient le wagon et l'empêche de tomber ne continue pas. Plus loin il n'y a que la pente. Ainsi, si les bœufs ne s'étaient pas arrêtés, nous aurions versé ! Paul fait attacher de longues lanières de cuir en avant et en arrière du wagon du côté gauche. Chaque lanière est tenue fortement par deux ou trois hommes afin de relever le wagon et de l'empêcher de tomber à mesure qu'on fera avancer l'attelage. Avec quelle anxiété je surveille la manœuvre, me demandant si elle réussira !... Et quel soulagement de voir notre véhicule sur le droit chemin !

Grande discussion parmi nos gens pour savoir qui était la cause du malheur. Pour nous, nous trouvons que ce n'est la faute de personne, car on ne voyait pas à deux pas devant soi à cet endroit, assombri encore par les arbres et les broussailles. Mais pourtant nous nous demandons comment Mahlékété, qui marchait devant les bœufs, ne s'est pas aperçu qu'il était sorti du chemin et descendait dans le fossé. Je crois que le pauvre garçon s'était endormi en marchant. En tout cas, il était très malheureux de l'affaire et n'a plus dit mot de toute la nuit.

J'avoue qu'après cette aventure je n'avais pas envie de remonter en wagon et que je me sentais un peu craintive. Il le fallait pourtant, car je ne pouvais pas trotter toute la nuit. Cette fois-ci, nous donnons à Zakaria la lanterne et nous redoublons de recommandations. A minuit, Paul propose de s'arrêter pour faire manger les bœufs un moment. Mais voilà Lukas qui ne veut pas en entendre parler. Il craint les lions, dit-il. Les bœufs s'enfonceront dans les fourrés et seront dévorés.

— Très bien, dit Paul, continuons.

Cela n'allait pas fort, les pauvres bêtes ne pouvaient plus avancer. A la fin Paul déclare qu'il faut s'arrêter coûte que coûte. Tant pis pour les lions. On recommandera aux bergers de faire bonne garde et on fera de grands feux pour éloigner les fauves. Nous faisons du café pour tout le monde. Cela fait du bien et redonne du ton. Quelques-uns s'étendent et font un somme, je suis du nombre. Paul fait le culte avec les vaillants.

Mais voici Yingouane qui vient dire d'un air tout effaré que Blum est tombée dans une ornière et ne peut plus se relever. Nous y courons et nous trouvons la pauvre bête gémissant à fendre l'âme et incapable de se remuer. Les hommes réussissent à la tirer sur le chemin avec des courroies, mais elle a bien de la peine à se remettre sur ses pieds. Nous nous demandions s'il était possible qu'elle suivît les wagons jusqu'au matin dans son état de faiblesse et nous étions bien embarrassés de savoir que faire. Si nous la laissions là, avec la pensée de la faire chercher le lendemain quand elle serait reposée. les lions pourraient la dévorer, car, quoiqu'ils aient bien diminué, il y en a encore dans le pays, et de temps en temps on les aperçoit.

Nous décidons de lui administrer une ration de cognac dans de l'eau et de chercher à la faire marcher aussi lontemps que possible. Le remède parut lui redonner quelques forces, car, à quatre heures, comme nous nous remettions en marche toujours à la lueur de la lanterne, elle partit tout doucement en avant.

Quoiqu'on nous ait assuré qu'il n'y avait plus de tsétsé sur la route, Zakaria en a trouvé une qui s'était embarrassée dans sa barbe. Elle avait été attirée probablement par la lueur de la lanterne. Paul la garde soigneusement dans un cornet de papier afin de convaincre ceux qui ne croient plus à la mouche dans ce coin de pays.

Enfin le jour paraît. Il en était temps, car chacun s'endormait. Nous n'étions pas beaux à voir. Tous les visages étaient fatigués, couverts de poussière, aussi ce fut un vrai soulagement d'arriver à Krokodil-river et de trouver là de l'eau en abondance pour se rafraichir et se laver. De l'autre côté de la rivière, il y avait plusieurs wagons dételés, dont les propriétaires se hâtèrent d'accourir, pensant que nous allions traverser. Ils auraient été contents de voir comment cela se passait avant de traverser eux-mêmes. Mais ils furent désappointés de nous voir dételer sans essayer de passer. Nous trouvions nos gens et nos bœufs trop fatigués pour tenter la chose avant d'avoir repris des forces. Le gué est bon, mais il y a passablement d'eau et surtout beaucoup de sable, ce qui rend la marche très difficile. Il n'est pas question de passer avec un seul attelage, et il faut être content si on ne *sticke* pas après avoir attelé vingt-quatre ou vingt-huit bœufs à un seul wagon. Pendant que nous dînions, les wagons sur la rive opposée se préparaient à partir. Ainsi c'est eux qui nous donnèrent la leçon qu'ils voulaient recevoir de nous. Ils étaient lourdement chargés et enfonçaient si profondément dans le sable que plusieurs fois nous avons cru que l'eau allait entrer dans les véhicules. Je vous fais grâce des détails.

Il fallut beaucoup de temps pour faire passer les sept ou huit wagons de la caravane, aussi le gué ne fut-il libre pour nous qu'entre trois et quatre heures. Chacun se jucha sur notre wagon, femmes, enfants, M. Robertson, Paul et moi.... c'était plein! On attèle à notre wagon tous les bœufs de Lucas, outre les nôtres. Quatre de nos hommes, armés de fouets et de bâtons dirigent et encouragent l'attelage, un cinquième conduit les bœufs de devant. Nous dégringolons en bas de la berge rapide et arrivons dans l'eau, tout

Passage du Krokodil-River, d'après une photographie de M. F.-H. Gros.

de suite très profonde. Elle arrive bien près du plancher du wagon, mais pourtant nous n'enfonçons pas autant que les wagons de transport qui ont traversé avant nous, car nous n'avons pas autant de charge. Petit à petit nous avançons. Nos hommes, tout heureux de voir que cela marche, sautent, piaffent dans l'eau et crient comme s'ils s'amusaient beaucoup. Nos braves bœufs tirent avec un zèle louable. De temps à autre on arrête aux endroits où l'eau est moins profonde pour les laisser souffler, puis on se remet en route avec une nouvelle ardeur. Nous arrivons au haut de la berge opposée sans avoir stické le moins du monde. On détache la chaîne et l'on s'en va avec les deux attelages chercher le second wagon. Le passage se fait très bien aussi, de même que celui du cart et du reste du bétail. Tout le monde est joyeux.

Comme on ne s'est pas couché la nuit précédente, nous décidons de rester là pour y dormir tout à notre aise et de ne repartir que le lendemain après-midi. Je profite de la matinée pour faire du pain. En voyage, on le cuit dans une marmite à fond plat. Je ne l'avais encore jamais fait et me demandais comment cela réussirait. Paul et Zakaria se sont occupés du feu pendant que je pétrissais. J'avais préparé mon levain la veille. Savez-vous où j'ai mis ma pâte pour qu'elle soit au chaud et qu'elle n'ait pas de peine à lever ? Dans notre lit, entre la couverture et le duvet, après avoir soigneusement entouré l'écuelle de linges propres. Le lit était encore un peu chaud de sorte que mon pain a parfaitement levé et, somme toute, il a mieux réussi que je ne m'y attendais. Cela m'encouragea pour une autre fois.

Il y a là, près de Krokodil-river une boutique tenue par deux Hollandais, qui s'en vont en été, car tout ce coin de pays est très malsain. Ils font, je crois, d'assez bonnes affaires, car il passe là quantité de gens et de wagons se rendant à Barberton, ou allant à la chasse, car le gibier est tout près. Nos bergers ont vu, un jour, des zèbres. Timothée avait en effet remarqué des traces de leur passage. J'ai bien regretté de ne pas les avoir vus aussi ! Il y a des girafes et d'autre gibier à deux heures de Krokodil-river. Nous avons vu plusieurs fois des gazelles.

CHAPITRE VIII

Du Nkomati à Lourenço Marques.

Passage en bateau. — Rencontres d'un chrétien et
d'un compatriote. — Chercheurs d'or. — Le chemin de
fer. — La plaie de l'alcoolisme. — Lourenço Marques. —
Démoralisation.

Deux traites, l'après-midi et le soir, et une
troisième, le lendemain matin, nous amenèrent
au Nkomati. De loin, nous entendions le clairon
des soldats, car il y a un petit détachement portugais près de la rivière. Le gué ressemble à
celui de Krokodil-River, mais il n'est pas aussi
bon. Il y a un endroit plus profond et de grosses
pierres dans le sable. Heureusement nous trouvons là un bac et nous nous disposons à passer
en bateau. Les femmes et les enfants entrent
dans une grande barque pas très propre, pendant
que M. Robertson, Paul et moi nous prenons
possession d'un bateau plus petit, mais plus neuf.
La pauvre Suzanne, seconde fille de Timothée,
pousse des cris perçants et il faut la faire entrer
de force et l'asseoir au fond du bateau. Les
femmes n'avaient encore jamais vu pareil moyen

de locomotion et Kanyisa n'était pas très rassurée. Mais, par contre, Makondjoua avait un calme superbe et déclarait que, pour elle-même, si le bateau se renversait, cela lui serait bien égal. Les noirs qui dirigent les barques se servent uniquement d'une longue perche. Ils connaissent bien leur métier et zigzaguent tout le long du gué pour éviter les bancs de sable et les grosses pierres. Pour ne pas effaroucher nos hommes, qui sont obligés de se mettre dans un costume très simple pour faire passer les wagons, nous partons en avant et Paul seul reste au bord de l'eau pour les voir passer. Tout va bien et encore une fois nous rendons grâce à Dieu de ce qu'il nous a aidés et gardés d'accidents.

Il y a tout un village au Nkomati. Outre le commandant de la garnison qui habite, avec sa famille, une maison de fer sur pilotis, on a établi là plusieurs boutiques. Un mineur, qui a sa petite tente en dehors du village, tout près de nos wagons, vient nous faire visite. En causant avec lui, nous découvrons que c'est un chrétien qui connaît plusieurs missionnaires et s'intéresse à la mission. Aussi sommes-nous tout heureux de causer avec ce brave homme, et lui-même a l'air bien content. Il vient de Barberton, où il n'a pas trouvé d'occupation lucrative, et il va essayer de creuser et de fouiller, à ses frais, dans le Lebombo. Pauvre homme! Il a une nombreuse famille à Natal, huit enfants, et il est bien triste d'être loin des siens. Réussira-t-il dans son entreprise? Nous voudrions pouvoir l'espérer.

Il assiste à notre culte en gouamba, puis nous donne des renseignements sur les habitants de Nkomati. Nous apprenons par lui qu'un Suisse, M. Frey, est en train de se bâtir là une maison. Paul s'en va lui faire visite et l'amène au wagon. C'est un Argovien qui parle très bien l'anglais. Il sait un peu de français, de portugais et d'italien. Mais c'est en anglais que la conversation se fait le plus facilement. Son premier commis, un brave noir, qui est son bras droit, est chrétien. Il a été converti à Port-Elisabeth. Il possède un boukou et lit déjà joliment le gouamba. Il vient aussi nous voir et converse avec nos gens. Pendant que nous causions avec M. Frey, un incendie de forêt s'avançait d'une façon inquiétante et il fallut s'interrompre pour aviser à un moyen d'empêcher notre wagon d'être atteint par le feu. Ce qu'on fait généralement, c'est de brûler l'herbe tout autour, mais quand on n'a pas d'eau pour éteindre et qu'il fait beaucoup de vent, on peut faire plus de mal que de bien. Aussi Paul, pensa-t-il qu'il valait mieux traîner les wagons plus loin, de l'autre côté de la route, dans un endroit où il n'y avait pas d'herbe. Pour faire la chose plus rapidement, M. Frey eut la bonté d'appeler tous ses ouvriers, qui traînèrent les wagons sans qu'on ait besoin d'atteler les bœufs.

Lundi 4 juillet 1887. — Depuis le Nkomati, ce qui manque dans le pays c'est de l'eau, de bonne eau. On n'en trouve que peu, et elle a un affreux goût de marais, ou bien elle est salée comme de l'eau de mer. Nous avons passé le dimanche dans un très joli endroit où les arbres abondent, voire même les forêts. En été ce doit être charmant, mais bien malsain aussi, car sous la couche de sable il y a de l'eau, on s'en aperçoit aux joncs qui poussent partout et à la crudité de l'air de la nuit, qui contraste avec la chaleur du jour. Dès que le soleil brille, on sent qu'on est dans un pays chaud.

Le Lebombo[1] est une suite de collines très pierreuses, sans eau. La route qui le traverse est assez bonne. Depuis le Nkomati, grâce aux bons chemins et à la lune, nous avons pu marcher le soir assez tard, ce qui nous a permis

---

[1] Chaîne de collines que traverse le Nkomati et qui forment la frontière entre le Transvaal et la colonie portugaise de Lourenço Marques.

d'avancer plus rapidement, tout en laissant les bœufs se reposer pendant les heures chaudes de la journée. L'endroit le plus joli et, je crois, le moins malsain que nous ayons vu, c'est le défilé de Matala, à la suite du Lebombo, mais nous ne pouvons penser à nous y établir, c'est trop loin des natifs.

Nous rencontrons beaucoup de mineurs qui s'en vont à Barberton à pied, les uns seuls, les autres avec un ou deux porteurs noirs, ou avec des ânes. En les voyant, M. Robertson se félicite de faire partie de notre caravane et de n'être pas seul sur le chemin. Il est vrai que quelques-uns de ces individus n'ont pas trop bonne façon. Hier, M. Robertson a dîné avec nous et nous a un peu parlé de ses projets. Pauvre homme. il me fait pitié, il se sent si seul dans l'endroit retiré où il vit, et il n'aime pas frayer beaucoup avec ses voisins, parce que la plupart mènent des vies scandaleuses. Je lui ai dit en riant : « Il vous faut ramener avec vous une gentille femme pour vous tenir compagnie! » Ce n'est pas l'envie qui lui manque, paraît-il, mais il a peur qu'une femme ne se trouve trop seule et malheureuse si loin de ses semblables, et puis il craint aussi qu'étant toujours ensemble, sans jamais voir personne, un mari et une femme ne finissent par se fatiguer l'un de l'autre ! Il en a vu des exemples, dit-il. Aussi, pense-t-il qu'il vaut mieux pour lui qu'il tâche de faire une petite fortune pour s'établir ensuite au Cap. Heureusement que Paul et moi ne sommes pas de l'espéce de conjoints qui se lassent d'être toujours les deux seuls, sans cela nous risquerions d'être malheureux à Lourenço Marques !

Notre voyage va donc prendre fin. Il en est temps ! Il y a aujourd'hui deux mois que nous quittions Elim et nos gens sont fatigués du chemin. Jonas surtout se réjouit d'arriver. Depuis quelque temps la petite Dora est toute malade. Elle a eu comme une pleurésie et elle a bien maigri. Elle qui était toujours si gaie et vive, elle a pris une petite voix souffreteuse qui fait mal à entendre ; il nous tarde de la voir mieux.

A mesure que nous approchons du but, et que, naturellement nous nous préoccupons de notre futur établissement, nous sommes tous, blancs et noirs, heureux de nous répéter que le Seigneur a déjà préparé nos places à tous, et nous lui demandons de nous montrer l'endroit qu'il a choisi pour chacun de nous. Quel bonheur de savoir que c'est notre Père céleste qui nous envoie et que par conséquent nous n'avons à nous inquiéter de rien.

Nous voici arrivés à l'endroit où aboutit la ligne ferrée que les Portugais construisent du côté de Barberton. C'était très curieux, en arrivant, d'entendre le sifflet de la locomotive. Nos gens étaient tout excités et plusieurs coururent du côté de la voie pour voir la machine. Timothée prétend qu'il n'a pas osé aller tout près parce que la terre tremblait tout autour!

Depuis le Nkomati nous n'avons plus trouvé de grandes difficultés. Le plus désagréable, c'est la poussière. Tout est sale dans le wagon, mais c'est peu de chose, en comparaison des chemins de montagnes et du passage des rivières. Ce qui complique, c'est le sable profond qui arrête les roues des wagons. On est obligé d'aller très lentement et on avance peu.

Nous pensons partir de bonne heure demain matin pour nous rapprocher de la ville. Nous avons ici de très mauvaise eau, comme du reste à tous nos derniers campements, ce qui n'a pas empêché notre coquine de Blum de s'approcher tout doucement du wagon, pendant que personne ne la regardait et de boire tranquillement toute l'eau de notre seau. Zakaria était très fâché parce qu'il a dû se remettre en route pour aller remplir le seau, et l'eau est à une bonne distance.

A défaut d'eau, le pays est plein de débits d'eau-de-vie. Je ne sais pas combien nous en avons vu cet après-midi. Que c'est triste ! Blancs et noirs sont empoisonnés par la boisson, et chacun nous dit que ce sera un terrible ennemi que nous aurons à combattre.

Un individu, d'origine anglaise, vient de faire une longue conversation avec nous. Au bout d'un moment, j'ai cru m'apercevoir qu'il était un peu sous l'influence de l'alcool. Il raconte qu'il a eu les deux poignets et deux côtes cassés, dans une rixe en ville. « Ce n'est pas beau, nous dit-il, mais que voulez-vous ? Il faut bien se défendre quand on est attaqué. » Il se plaint qu'il souffre beaucoup de la fièvre toutes les années. Je n'en suis pas surprise ; la cause en est à cette terrible boisson. Voilà que nous allons nous trouver de nouveau aux prises avec ses victimes. Que c'est triste de voir l'influence démoralisante des blancs sur les noirs !

Mardi 5 juillet.— Nous voici à Lourenço Marques, près de la ville. De l'endroit où nous campons, nous voyons la ville avec ses maisons blanches aux toits de tuiles rouges et ses coco-tiers qui lui donnent un air oriental très original ; puis la rade avec ses barques et ses steamers. De temps en temps nous entendons passer la

locomotive. Tout cela sent la civilisation. Il y a
même une douane : nous avons dû payer dix
shillings pour chaque wagon.

Nos gens sont très intéressés par tout ce qu'ils
voient. La mer surtout les attire beaucoup. D'ici
elle est comme un grand lac, car on voit vis-à-
vis la presqu'île du Tembé.

Nous nous sommes placés, avec nos wagons,
sur le chemin du Nondouane afin de pouvoir,
aussi vite que possible, nous en aller chez Eliachib, où nous camperons jusqu'à ce que nous
ayons trouvé un endroit pour nous établir. Nous
sommes tout entourés de maisons d'indigènes :
on crie et on danse beaucoup. Partout on voit
des débits de vin. On se sent envahir par la
tristesse en considérant cette ville dans laquelle
il y a tant de mal parmi blancs et noirs. Cela
fait l'effet d'une citadelle de Satan. Si seulement
nous avions quelque espoir d'y rencontrer des
enfants de Dieu parmi la population blanche!
Mais, hélas! ce n'est guère probable. Heureusement que nous aurons le bonheur de trouver des
chrétiens noirs qui nous accueilleront avec joie.
Que Dieu nous donne d'être dans ce pays une
lumière au milieu des ténèbres et de pouvoir
travailler fidèlement à son service!

Ville et port de Lourenço Marques.

CHAPITRE IX

A Lourenço Marques.

Premières rencontres avec des chrétiens. — Jim Boy. —
Une excursion sur la colline. — Fête de réception. — Le
premier dimanche. — Daniel. — Accoutrement des indigènes. — Une ville corrompue.

Nous avons déjà vu quelques chrétiens d'ici,
entre autres Jim Boy; c'est un grand jeune
homme qui a très bonne façon avec ses beaux
habits propres. Il a quitté le Tembé et vit maintenant en ville, où il évangélise tant qu'il peut.
Il a acheté pour 7 livres sterling (175 fr.) une
petite maison carrée qui sert d'église; c'est là
que les chrétiens se réunissent [1].

Un soir, comme nous faisions notre culte.

[1] Ce Jim Boy s'appelle, de son vrai nom, Jim Shimoungâne.
Voici en quels termes Mme Berthoud parlait de lui pour la première fois, quand, en 1886, encore aux Spelonken, elle faisait
part à sa famille des bonnes nouvelles venues du Littoral : « Un
certain Jim Boy, qui avait appris à lire à Natal, a reçu, à Lourenço Marques, un *boukou* (résumé de quelques portions des
Ecritures en gouamba) que M. Henri Berthoud y avait laissé
pour un Mogouamba qui n'est jamais venu le réclamer. Il a lu
ce boukou, s'est converti et a évangélisé tout autour de lui. »

nous entendons dans le lointain dès voix de jeunes filles chantant un de nos cantiques. Tout réjouis, nous prêtons l'oreille. Le chant se rapproche, et bientôt quelques femmes et jeunes filles arrivent et nous saluent. Elles revenaient du Nondouâne, de chez Eliachib, où elles étaient sans doute allées voir Yosefa et sa bande, qui sont là depuis quelque temps pour attendre notre arrivée.

Vendredi, Paul me proposa d'aller voir la baie et la grande mer, du haut de la colline du télégraphe. Après dîner, nous nous mettons en route et commençons par jeter un coup d'œil sur le nouveau cimetière des blancs, qui se trouve à peu de distance; il n'y a encore ni monuments, ni arbres dans l'enceinte : rien que de nombreux tertres alignés le long du mur.

La marche est rendue très pénible dans ce pays par le sable profond qui se trouve partout; qu'on se promène sur les routes, ou dans les champs labourés, ou dans les sentiers des natifs, on ne voit que du sable couleur tuile. Pour monter à la colline, il y a une bonne route, qu'on est parvenu à durcir par endroits, en y apportant force pierres. A mesure que nous montions, l'air devenait meilleur, et là-haut il souffle une brise délicieuse. Le bâtiment du télégraphe, tout entouré de beaux arbres, est splendide; c'est la plus belle maison de tout Lourenço Marques. Les allées du jardin sont gravelées et plantées d'eucalyptus, de thuyas, de seringats et d'autres arbres; tout cela a un air propre et soigné auquel on n'est pas habitué en Afrique.

Passant plus loin, nous nous avançons du côté de la falaise; de là, nous voyons toute la baie, avec l'île d'Inyack, au bout de la presqu'île du même nom. Quelle vue splendide! Nous nous serions volontiers écriés : « Plantons ici nos tentes, » car c'est certainement le plus joli coin du pays. Mais il y a d'autres choses à considérer que l'agrément et la beauté du site.

En redescendant, nous passons près de l'église catholique et de l'hôpital, un grand long bâtiment avec d'immenses fenêtres. Enfin, avant d'entrer en ville, nous passons au jardin public, qui vaut la peine d'être visité. Au milieu, une pièce d'eau entourée de gazon vert et traversée par un petit pont couvert de plantes grimpantes: plus loin, un groupe serré de bananiers vigoureux; d'un autre côté, plusieurs cocotiers immenses, couverts de fruits; puis des allées de seringats en fleur, malgré l'hiver.

En retournant à notre campement, nous en-

tendons dans le lointain un de nos chants gouamba chanté, semble-t-il par une grande troupe
de gens. Tout de suite nous pensons que c'est
la bande du Nondouâne qui s'approche. Arrivés
à notre wagon, nous trouvons tous nos gens en-

Bâtiment du télégraphe à Lourenço Marques.

dimanchés ; mais l'expression des visages ne
répondait pas à la gaîté des atours.

— Eh bien, que se passe-t-il ? demandons-
nous.

— Les chrétiens du Nondouâne sont arrivés.
Quand nous avons vu qu'ils étaient tout près,
nous sommes allés à leur rencontre, mais, s'aper-

cevant que vous n'étiez pas avec nous, ils se sont sauvés! Ils disent qu'ils reviendront demain matin !

— Et ton mari, demandai-je à Kanyisa, l'as-tu vu ?

— Oui, de loin ; mais il ne m'a rien dit. Il est parti avec les autres !

Voilà qui peint nos gens avec leur amour pour les cérémonies et les réceptions.

Le lendemain matin, il fallut attendre long-temps avant de voir arriver la troupe ; enfin on l'aperçoit de loin, avançant lentement. Cette date (9 juillet) est mémorable dans les annales de notre mission. Il y a douze ans, à pareil jour, M. Creux et mon mari, avec leurs familles, arrivaient à Valdézia ; et aujourd'hui, nous sommes reçus et salués par la petite Eglise du Littoral. Comme nous devions descendre en ville, mon mari dépêcha Zakaria pour leur dire de se hâter, mais on lui répondit qu'aujourd'hui est un jour de joie, et qu'on ne peut pas se presser. Il faut se résigner à voir la bande ve-nir tout tranquillement et gravement, en rangs serrés, à petits pas, Zébédée en tête battant la mesure. Ils chantent un de nos cantiques de marche. A quelques pas de nous, ils s'arrêtent et entonnent le chant de bienvenue composé par

mon beau-frère pour notre arrivée aux Spelonken et qui se chante sur l'air de :

Les Alpes sont à nous.

C'était émouvant d'entendre de nouveau ce
chant nous accueillir ici. En les écoutant, nous
regardions cette nombreuse troupe de chrétiens
et nos cœurs étaient pleins de joie et de reconnaissance de ce que Dieu a fait luire sa lumière dans ce pays de ténèbres et s'y est déjà
choisi tout un peuple. Que c'est beau, que c'est
encourageant! Ce qui me frappait surtout, c'était
de voir si peu d'hommes et tant de femmes et
de jeunes filles.

Au milieu d'eux, nous reconnaissons, d'après
les descriptions de nos gens, Yosefa et Eliachib;
ce dernier a une grande barbe fournie qui le dis-
tingue des autres. Quant à Yosefa, c'est un
homme plutôt petit, au teint clair, avec une
épaisse moustache ; j'aime beaucoup son expression. Il s'efface, évite de se mettre en avant et
laisse Zébédée faire le maître des cérémonies et
conduire la bande. Ce brave Yosefa était tout
pâle d'émotion en arrivant près de nous. Lorsque le chant fut terminé, mon mari dit quelques
mots, puis les salutations commencèrent. Les
principaux de l'Eglise vinrent, comme de juste,
les premiers nous serrer la main à tous.

Je guettais du coin de l'œil Kanyisa et son mari (Zébédée), pour voir quel accueil ils se feraient. Après avoir dûment salué et embrassé tous ses collègues, maître Zébédée chercha sa femme des yeux, tandis qu'elle s'avançait tout

Yoséfa, Eliachib et Zébédée.

timidement d'un autre côté ; il la découvre enfin, pousse une exclamation de joie, l'embrasse, la serre dans ses bras ; la petite femme avait l'air tout heureuse et toute fière.

Le gros de la foule s'approcha ensuite pour

nous saluer, et nous fûmes bientôt entourés de tous les côtés, subissant les poignées de mains de cent trente personnes. Mon mari les a comptées! Aucune ne voulait être oubliée; et si, par hasard, il m'arrivait de serrer deux mains à la fois, il fallait recommencer. Ce qu'il y avait d'amusant, c'est que ces braves gens ne savaient comment nous appeler, les noms de *monéri* et *géfro* leur étant encore inconnus; les uns disaient *bass* (nom boer signifiant maître); d'autres, *moloungo* (blanc), et nos gens de protester et de chercher à leur enseigner les seuls noms convenables, suivant eux, pour leurs missionnaires. Mon mari fit le culte et annonça que, comme il nous fallait aller en ville, nous nous reverrions le lendemain.

Le lendemain était un dimanche. On se réunit le matin dans la maison achetée par Jim pour servir de lieu de culte; comme il n'y avait pas place pour chacun, une partie de l'auditoire se tint dans la cour et put, malgré cela, entendre mon mari, Timothée et Jonas, qui parlèrent successivement pour saluer l'Eglise du Littoral au nom de celle des Spelonken et pour rendre compte de leur mission dans ce pays et de leurs intentions pour l'avenir.

L'après-midi, on se réunit à notre campement; il y avait encore plus de monde que la veille pour notre réception, sans compter les païens qui assistaient au culte. Cette fois-ci, Yosefa. Eliachib et Zébédée eurent la parole pour répondre aux discours du matin. Yosefa était si ému que deux ou trois fois il se mit à sangloter, et les femmes de faire chorus, au point qu'il y en avait qui se donnaient presque des crises de nerfs. Les femmes sont très sensibles dans ce pays, paraît-il ; nous avions déjà remarqué que, pendant les prières, il y en a toujours deux ou trois qui fondent en larmes ; c'est peut-être le tabac qui leur affaiblit les nerfs, car, ô malheur ! ici les femmes fument aussi bien que les hommes. Mais je m'éloigne de mon sujet. Le discours du brave Yosefa fut excellent ; on voit qu'il est heureux de l'arrivée des renforts dans le vaste champ de travail où il a si longtemps semé tout seul.

Après lui, Eliachib se lève ; en tout cas, me dis-je, ce n'est pas celui-ci qui fera pleurer son monde, car c'est un joyeux compagnon s'il en fut ! Mais voilà le brave homme qui se met à retracer les difficultés de notre voyage et qui s'attendrit jusqu'aux larmes en répétant que, pendant qu'eux, misérables pécheurs, dormaient tranquillement, bien à l'abri dans leurs maisons, nous, nous couchions dehors, exposés au froid et aux intempéries. « Oui, oui, répétait-il, à cause de moi, pécheur, qui étais bien au chaud dans ma maison, eux souffraient du froid, la nuit dehors ! » Et les femmes d'être touchées jusqu'aux larmes, à l'exemple d'Eliachib. La modestie m'empêche de raconter en détail tout ce qui s'est dit. Yosefa ne nous comparait-il pas aux anges logés par Abraham ! « Pauvres anges, pensais-je, leurs ailes sont bien petites ! »

Après le culte, chacun resta à causer encore un peu auprès des wagons ; Zébédée demandait les nouveaux cantiques ; nous nous mîmes à les chanter, et bientôt tout un groupe de jeunesse se réunit autour de nous, déchiffrant les notes à qui mieux mieux ; Zébédée leur a fait faire beaucoup de progrès sous ce rapport. Malheureusement, il a quitté les Spelonken avant que nous ayons réformé la musique des cantiques, en sorte que je retrouve ici toutes les fautes que j'ai eu tant de peine à corriger à Valdézia ; il faudra recommencer.

J'avais remarqué déjà la veille, assis près de Zébédée, un jeune garçon à la figure tranquille et intéressante qui chantait de tout son cœur en suivant dans son boukou. Dimanche soir, je demandai à Zébédée si c'était un de ses élèves.

— Sans doute ; c'est Yowouène, le fils de

Magoude, baptisé dernièrement Daniel. C'est ce brave garçon qui a résisté aux menaces de sa parenté et qui est resté ferme dans la foi malgré toutes les persécutions, tandis que ses frères sont retournés au paganisme.

Nous sommes surpris de le voir encore si jeune ; nous nous imaginions qu'il devait avoir de vingt à vingt-cinq ans, tandis qu'il n'a pas l'air d'en avoir plus de seize ou dix-sept. Il demeure chez Yosefa et l'on voit qu'il a déjà bien profité des leçons de Zébédée. Vous pouvez penser avec quel intérêt nous examinons ces gens, nos futurs paroissiens, cherchant à nous mettre dans la tête leurs noms et leurs visages ; ce sera une longue besogne.

Ces noirs nous amusent par leurs accoutrements. Il y a entre autres un vieux qui s'enveloppe la tête d'un mouchoir de couleur douteuse et se coiffe par-dessus d'un chapeau de feutre gris tout neuf. De pantalons point ; il s'entoure les reins d'un morceau d'étoffe à carreaux bleus et blancs ; une grande redingote de drap noir couvre tout juste une chemise neuve. Un jeune homme de chez Yosefa se revêt des restes d'un grand macferlane dont il n'y a plus que la pèlerine et quelques lambeaux par-dessous ; un autre porte un grand chapeau de femme acheté pour trois francs chez les Banyans. Les femmes sont en général simplement et proprement mises ; leur tenue m'a fait plaisir ; elles ont adopté le mouchoir rouge roulé en turban que j'aime tant leur voir et se font une espèce de chemise en couleur à manches courtes, sur laquelle elles mettent un jupon assez court. En général, elles se drapent encore dans un grand morceau d'étoffe quelconque. En tous cas, elles ont fort bonne façon. Plusieurs ont les cheveux lisses et un teint clair, preuve qu'elles ont du sang portugais ou hindou dans les veines ; elles ont, en général, quelque chose de plus fin que les négresses pur sang.

Nos gens sont très pressés de s'en aller au Nondouâne ; ils sont profondément dégoûtés de la ville, où règnent l'ivrognerie et la corruption des mœurs ; c'est affreux à voir ! Les blancs se plaignent de ce que tous les noirs sont des ivrognes, et ils ne se rendent pas compte qu'ils en sont eux-mêmes la cause, en répandant dans le pays leur maudite eau-de-vie. Cela fait mal de voir toutes ces pintes ! Aussi n'entend-on que danses, batailles et cris. Nous avons été réveillés souvent la nuit par le bruit qu'on faisait dans les huttes près de notre campement. Je ne puis vous raconter tout ce qui se passe autour

de nous, au vu et au su de chacun. Le paganisme qui a été en contact avec la civilisation
sans christianisme est pire que celui qu'on voit
dans les contrées reculées, où les blancs n'ont
pas encore pénétré. Que de mal il y a dans cette
ville de Lourenço Marques! Dieu veuille que
notre petite Eglise de la côte conquière peu à
peu cette forteresse et que, par son moyen, un
grand nombre d'âmes soient sauvées.

II

L'ÉTABLISSEMENT
A RIKATLA

CHAPITRE X

Les chrétiens du village d'Eliachib.

Arrivée chez Eliachib. — La marche dans le sable. — Étonnement des indigènes. — Le premier dimanche. — Le miracle de Sarepta. — Le langage des chrétiens. — Un culte de cène. — L'école. — Loïs et Routi. — Rêves et crises nerveuses. — A la recherche du sens des mots. — Nécessité d'une bonne préparation intellectuelle. — Un auxiliaire d'un nouveau genre.

Nous voici enfin dans ce Nondouâne vers lequel nous nous dirigions depuis deux mois et demi! Cela ne veut pas dire que nous soyons tout à fait au bout de nos pérégrinations et qu'il ne nous reste plus qu'à bâtir et à nous installer. Mon mari va se mettre en campagne pour explorer le pays et chercher un endroit convenable. Mais pourtant nous avons le sentiment que nous sommes arrivés. Nos gens sont reçus chez des amis et dorment dans une maison. Nous-mêmes, nous avons un peu vidé le wagon pour y être moins à l'étroit et je jouis de n'avoir plus besoin, après chaque repas, de tout emballer, comme quand on se remet en route.

Nous avons quitté Lourenço Marques vendredi matin 15 juillet. Il n'y a naturellement pas de route à wagon, car dans ce pays de sable on ne connaît pas ces véhicules; et comme il n'y a pas de blancs en dehors de la ville, il faut suivre le chemin des natifs. Zakaria marche en avant avec une hache pour abattre les branches et les arbres qui entraveraient la marche du wagon. C'est un curieux pays que celui-ci, tout en ondulations ou collines minuscules à pentes douces et, entre deux, des bas-fonds, secs dans ce moment, mais qui, en été, doivent être des marécages. Les collines sont couvertes d'arbres et de broussailles, au milieu desquels il est difficile de manœuvrer avec un wagon à tente. Pourtant on y parvient, sauf à un endroit où la roue est arrêtée par un gros tronc. Naturellement, le marchepied souffre du choc et le voilà bien malade. Il risque d'être longtemps impotent, car il n'y a personne ici qui puisse le raccommoder. Ce qui entrave le plus, ce sont les champs labourés.

Comme il n'y a que du sable dans le pays, là où les herbes et les broussailles ont été enlevées, on enfonce profondément, et quand c'est à la montée, vous voilà arrêtés.

Le matin, un de ces champs nous a coûté une heure de travail et d'arrêt. L'après-midi, nouvelle stickée, de sorte que nous avons dû renoncer à arriver le même jour chez Eliachib; nous avons couché à deux heures environ de son village. Une fois la route ouverte et le wagon moins chargé, on ferait facilement le trajet en un jour. En été, après les pluies, on ne le pourrait pas, à cause des marécages.

Le village d'Eliachib est situé sur une éminence. On puise l'eau dans un petit lac au pied de la colline, lac sans écoulement, dont l'eau noirâtre n'a rien de bien appétissant [1]. Zakaria en était si dégoûté, qu'il a creusé un puits sur le rivage, pour obtenir de l'eau qui a filtré à travers le sable. Afin que les païens n'aillent pas salir l'eau, il a couvert « sa source, » comme il dit, d'un grand journal. Il pense que les noirs auront peur « du livre » et craindront d'aller puiser au puits du missionnaire.

La vieille mère d'Eliachib m'a bien amusée à notre arrivée. Elle est venue me saluer après

[1] Le lac et la colline portent tous deux le nom de Rikatla.

tous les autres. J'étais seule au wagon. Avec
beaucoup d'effusion, elle me parle comme si
j'étais Paul :

— Mon père, je te salue !... Et ma mère, ta
femme, où est-elle ? est-ce qu'elle est là dedans ?

Et elle regardait tant qu'elle pouvait dans le
wagon. Je lui explique que la femme c'est moi
et je lui montre Paul qui revenait. Elle comprit
alors qu'elle s'était trompée d'adresse.

Après dîner, nous allâmes ensemble au village
qui, du reste, est à deux pas. Tout le monde
était occupé à préparer le dîner du lendemain,
dimanche. Les vieilles femmes écossaient les
arachides, les jeunes broyaient du sorgho dans
le mortier. Dans de grands pots de terre cui-
saient des haricots. Routi, fille d'Eliachib, nous
fit les honneurs et nous conduisit dans toutes
les maisons. La plus belle, la mieux finie, est
une grande hutte ronde, sans fenêtres, où couche
toute la famille.

Le plancher de terre battue est soigneusement recouvert d'un sable fin et blanc. Routi
nous fait asseoir et nous demande d'abord de lui
aider à lire une lettre de Mlle Jeanne Jacot que
je lui avais remise. Puis elle nous fait un discours de bienvenue, long d'une aune, tout comme
un ministre. Elle nous conduit ensuite dans une

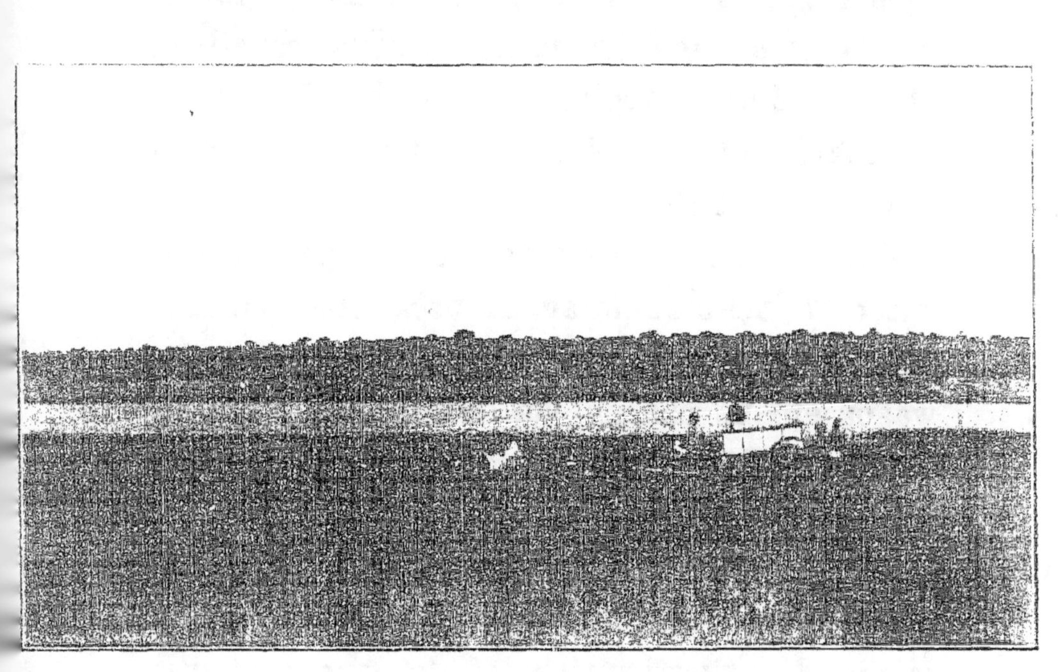

Lac et colline de Rikatla.

maisonnette carrée, où nous trouvons une bande de femmes et de jeunes filles qui causaient, assises sur des nattes. La maison est partagée en trois chambrettes, dont l'une est occupée par Rachel, la mère de Martha, qu'on a chassée du Tembé parce qu'elle était chrétienne. Martha est l'amie particulière de Routi. Elles travaillent et évangélisent toujours ensemble. Ce village d'Eliachib est une véritable colonie de femmes et de jeunes filles.

C'est étrange que les gens de ce pays soient encore si neufs, habitant si près d'une ville. Il en vient constamment pour nous examiner. Le wagon étonne chacun. On se demande comment il marche. Les plus instruits donnent les renseignements. On demande quelquefois si je suis un homme ou une femme. Quand nos gens entendent cette question, ils se dépêchent de renseigner les questionneurs et de leur expliquer que je suis *leur mère*, la femme de leur missionnaire, que nous sommes venus dans ce pays tout exprès pour enseigner les noirs et leur faire du bien, qu'il ne faut pas s'imaginer que nous cherchions des richesses ou que nous voulions extorquer de l'argent des gens du pays, bien au contraire.

Ce matin dimanche, nous avons eu le culte

près du wagon. Loïs a demandé de pouvoir dire quelques mots de bienvenue aux nouveaux arrivés. Paul lui a donné la parole après son discours et elle nous a fait tout un prêche, en finissant par quelques exhortations aux païens qui étaient dans l'assemblée. Ont-ils la langue bien pendue, ces nègres et ces négresses! Jamais on ne les entend se reprendre, jamais ils n'hésitent, cela va, cela va, cela va,... avec une facilité que je suis tentée d'envier. Le fait que l'Eglise du Littoral est en majorité composée de femmes tient peut-être à ce que ce sont surtout des femmes qui ont évangélisé ici.

Cet après-midi, toute la bande est allée évangéliser au village du chef de l'endroit, Mozila. J'entends la trompette de Zébédée, les voici qui reviennent en chantant le chant de bienvenue. C'est charmant à distance. De près, les voix sont un peu criardes, surtout celles des jeunes filles. Je voudrais quand même que vous pussiez les entendre. Voici Paul qui paraît entre les arbres. Il dit qu'il y avait peu de monde au village du chef. Celui-ci était absent. Ce Mozila est un neveu de Mapounga, le chef qui règne sur tout le pays et qui désire tant avoir un missionnaire [1]. Pendant que j'étais seule au wagon, sont

[1] Voir *Introduction historique*, p. 17.

arrivées deux femmes, une jeune et une vieille.
la pipe à la bouche.

— Nous venons voir les blancs, me dirent-
elles en manière d'introduction.

Elles firent le tour du wagon, dont elles ad-
mirèrent fort *les jambes*, comme elles appellent
les roues. Je les engageai à aller au culte chez
le chef. Mais l'idée ne leur souriait pas. Elles
venaient de loin pour voir les blancs. Pourtant
la jeune me dit qu'elle aimait bien entendre les
« choses de Dieu, » mais qu'aujourd'hui elles
étaient venues pour regarder. Leur curiosité sa-
tisfaite, elles repartirent. La vieille est dans un
triste état. Ses mains ne sont que des tronçons de
chair sans forme, sa bouche est tordue, ses lèvres
déformées. Elle me dit qu'elle avait toujours été
malade, déjà comme enfant ; c'est sans doute la
scrofule qui a ainsi rongé ces pauvres membres.

Ce soir (il est bientôt neuf heures) nous avons
trouvé toute la bande de chez Eliachib en train
de goûter ; il y avait une vingtaine de fillettes
accroupies dans la cour autour du feu.

— Mais d'où sortent tous ces enfants ? demanda Paul à Yosefa.

— Ce sont des fillettes du pays qui ont entendu la voix de Dieu et qui sont venues ici
pour apprendre.

— Et de quoi vivent-elles ?

— Ah ! Moneri, nous voyons ici des miracles comme celui de la veuve de *Sarpita.* (Lisez Sarepta.) Il se trouve toujours quelque chose pour elles.

— Qui est-ce qui les enseigne ?

— Routi, Martha, Loïs (la femme d'Eliachib).

— Et elles-mêmes où ont-elles appris ?

— Routi a commencé à apprendre à lire aux Spelonken, puis elle a continué toute seule ou avec moi quand je venais ici. Dieu lui a ouvert l'esprit pour qu'elle apprenne vite, et maintenant elle enseigne. Par tout le pays il y a des gens qui apprennent à lire. Ils viennent ici, ils prennent une ou deux leçons, achètent un abécédaire et s'en vont dans leurs villages, où ils continuent à apprendre tout seuls. N'est-ce pas merveilleux ?

Ce brave Yosefa est tellement plein de foi que, pour lui, il s'attend toujours à des miracles et aussi il en voit, car l'œuvre qui s'est faite dans ce pays est vraiment extraordinaire. Seulement, le danger qu'il y a avec des natures aussi impressionnables que celles de nos noirs, c'est qu'on se laisse entraîner à des exagérations. Il y en a déjà eu des exemples : ainsi une femme au Tembé se croyait la vierge Marie, et Yosefa a eu de la peine à la faire rentrer dans son bon sens. Puis ces braves gens se servent d'une espèce de patois de Canaan qui me fait un peu peur, parce que je crains toujours qu'en s'habituant à certaines tournures on ne fasse des phrases. Ainsi ils se saluent en s'appelant *enfants du Père* ou bien *enfants de Dieu* ou *du ciel*, si bien que les païens eux-mêmes ont adopté la formule, et j'entendais l'autre jour un policeman noir en ville qui interpellait une fillette de l'Eglise en lui criant : « Hé! toi, enfant de Dieu! » Très souvent, les gens qui passaient près de notre campement faisaient de même.

On entend souvent aussi dire aux chrétiens que « l'Esprit » leur dit telle ou telle chose. En voyant Yosefa de près, nous avons très bien compris que c'est grâce à son influence que les chrétiens parlent ainsi. Il le fait en toute sincérité, et chez lui le fond répond pleinement à la forme ; mais nous craignons bien que, pour d'autres, ce ne soit pas le cas. Que Dieu nous donne la sagesse nécessaire pour que nous sachions bien comment nous y prendre avec notre petite Eglise.

Le soir du second dimanche que nous avons passé ici, nous avons eu, dans la grande hutte des Eliachib, un culte de cène, suivi d'une réunion de prières. Ce fut un excellent moment si calme et si paisible. J'aurais voulu que vous pussiez jeter un coup d'œil sur cette petite assemblée réunie dans cette hutte de noirs. C'était tout à fait original! Eliachib a une curieuse petite table que lui a donnée Jim Boy; elle se compose d'un fond de tonneau planté sur un tronc d'arbre à trois branches, qui font office de pieds. J'avais recouvert d'une serviette blanche ce guéridon d'un nouveau genre. Paul avait fabriqué deux bougeoirs primitifs. Avec deux bougies, notre lanterne et la petite lampe fumeuse d'Eliachib posée sur une corbeille renversée, chacun pouvait suivre dans son boukou.

Je suis étonnée de voir comme les femmes savent joliment lire. Elles se donnent beaucoup de peine pour apprendre. Zébédée fait l'école pendant qu'il est ici. Tout le monde y va, même Routi et Martha. Le matin, on entend la trompette, les élèves se réunissent dans la cour et s'en viennent en rangs et en chantant dans le parc à bœufs où se fait l'école. C'est, comme vous le savez, la salle de réception des noirs. Et comme la haute barrière de perches qui l'entoure fait une petite bande d'ombre, sans compter celle de l'arbre qui pousse au milieu, on se réunit là pour être relativement au frais. Zébédée n'a malheureusement pas été, comme les autres évangélistes, aux leçons de mon beau-frère Henri Berthoud, car il est parti avant le commencement de l'instruction, et il a, pour bien des choses, plus de zèle que de connaissances. Ainsi il enseigne une quantité de cantiques, mais avec une quantité encore plus grande de fautes et d'erreurs que nous aurons bien de la peine à corriger, Matsivi et moi. Je suis allée une fois ou deux donner la leçon de chant, ce qui intimide beaucoup la jeunesse. Malheureusement, je n'ai guère de temps, car après un voyage comme le nôtre, tout dans le wagon est sale et en désordre, et il y a à faire pour y remédier! Et puis l'eau est si loin que je suis obligée de faire transporter toutes choses au lac et d'aller faire la lessive sur la rive, ce qui est compliqué.

Loïs et Routi me plaisent toujours plus. Elles ont si bonne façon et sont si gentilles. Je suis frappée de la bonne tenue de toutes ces femmes et surtout de cette mère et de sa fille. Routi est venue si gentiment m'offrir de m'aider à laver. J'ai accepté volontiers et elle m'a été d'un fameux secours, car elle sait très bien s'y prendre. Elle m'aide aussi beaucoup pour les achats. Tous les jours Loïs, sa mère, vient me faire une petite visite. Bref, je suis tout amoureuse de ces deux femmes, et je trouve de plus en plus que c'est admirable, merveilleux, miraculeux le changement que l'Esprit de Dieu produit sur les créatures humaines ! Quel contraste entre les femmes chrétiennes, si pleines de courage pour parler de leur Dieu et pourtant si douces et modestes au milieu des leurs, et ces païennes criardes qu'on voit passer par bandes. C'est bien ici qu'on peut parler de *massinguita* (miracles, merveilles), comme dit notre brave Yosefa, qui en voit partout.

— Comment cette femme est-elle arrivée à la foi ? lui demande-t-on.

— Oh ! ce sont des massinguita.

Et il raconte toute une série de rêves, de visions, etc.

Nous venons, du reste, d'être témoins nous-mêmes d'une de ces conversions avec rêves, visions, crise, et tout le reste. Une femme du nom de Soukoti (fourmi) arrive ici l'autre jour, accompagnée d'une chrétienne des environs de Lourenço Marques, nommée Béréa. C'est une immense créature très maigre, avec des traits assez fins. Béréa raconte à Yosefa qu'elle était souvent allée évangéliser dans le village de Soukoti, et que celle-ci l'écoutait volontiers. Un jour Soukoti eut un rêve, dans lequel elle vit toutes sortes de choses extraordinaires. Elle entendit Jésus lui dire : « Va chez les missionnaires pour te faire enseigner, car je t'ai choisie pour une grande œuvre. » Donc elle venait.

— Mais ses péchés, demande Paul, elle n'en parle pas ?

— Non, elle ne racontait que son rêve.

Pendant les cultes, cette femme était très souvent prise de crises nerveuses, au cours desquelles elle criait tant que nous l'entendions jusqu'ici. Puis elle tombait et ensuite branlait la tête dans tous les sens comme une folle. Un soir, la crise dura si longtemps que Yosefa vint avertir Paul. Nous allâmes ensemble au village, et nous trouvâmes la dite femme revenue à elle, assise près du feu avec les autres, mais faisant des mouvements de tête désordonnés. Nous l'examinâmes sans mot dire, et Paul s'aperçut bientôt que quand personne ne la regardait, la femme se tenait beaucoup plus tranquille. Aussi fut-il persuadé que moins on ferait d'histoires, plus vite cela passerait.

Quelques jours plus tard, pendant un des cultes du soir, Soukoti confessa ses péchés et trouva paix et tranquillité en Jésus. Dès lors, ses crises ont cessé. Elle raconta qu'au commencement elle voulait s'humilier de certains péchés, laissant les autres dans l'ombre, mais qu'elle avait vu que cela n'allait pas et que Dieu était un Dieu perspicace, qui voyait tout et qui savait tout apporter à la lumière. Aussi se décida-t-elle à tout confesser, afin de trouver la paix.

Soukoti employait pour dire « un Dieu perspicace » une expression que Paul ne connaissait pas encore. C'était le mot *boronouana*.

— Qu'est-ce que cela? demanda-t-il à Yosefa. Celui-ci s'efforça d'expliquer le mot.

— Un homme peut-il avoir du boronouana? demanda encore Paul.

— Oh! oui, Moneri, et les éléphants aussi !

— Comment les éléphants ?

— Oui, quand ils voient une troupe d'hommes, ils savent très bien discerner dans le nombre celui dont le cœur est lâche et ils tombent sur celui-là pour le tourmenter.

Moneri écrit dans son carnet : boronouana = perspicacité.

— Un éléphant a mille manières de tourmenter un homme, continue Yosefa. Il le prend sous sa trompe et s'en va un long bout de chemin en le promenant ainsi. Ou bien, il l'emmène en le conduisant par une oreille. Une autre fois, il le met dans un coin, casse de grosses branches aux arbres et entoure si bien son prisonnier que celui-ci ne peut s'échapper. Quelquefois, il enterre les hommes dans le sable, ou bien il prend un individu, le place entre ses jambes de devant et s'en va se promener. Si l'homme est adroit, tout en marchant il ramasse de l'herbe et en fait un gros rouleau qu'il substitue petit à petit à son propre corps entre les jambes de l'éléphant. Il réussit ainsi à se sauver. Cela aussi c'est de la boronouana.

Cette fois-ci, c'est la ruse dans le sens qu'on donne vulgairement à ce mot. Yosefa continue :

— Quand un éléphant entre dans l'eau pour boire, il lui arrive d'être mordu à la jambe par les crocodiles. Il ne s'en inquiète guère jusqu'à ce qu'il soit désaltéré, puis il cueille son ennemi avec sa trompe, le mène dans la forêt, fend un arbre avec sa défense, place le crocodile dans la fente, puis laisse l'arbre se refermer sur lui. La pauvre bête reste là à gigoter jusqu'à ce que mort s'ensuive.

Cet exemple peut vous donner une petite idée de la façon dont il faut découvrir le sens des mots qu'on ne connaît pas encore. Cela se fait encore assez facilement quand on a auprès de soi des hommes intelligents et habitués à comprendre et à saisir les choses. Mais je me dis souvent qu'au commencement cela devait être bien difficile.

Cela me fait penser souvent à ce que j'ai entendu dire en Suisse, même à des personnes cultivées et instruites : que c'était une erreur que d'envoyer en pays païens des missionnaires éduqués, et qu'on ferait beaucoup mieux d'envoyer des paysans, des artisans, des gens qui savent travailler de leurs mains. Si des hommes qui ont fait des études ont déjà tant de peine à découvrir une langue, que serait-ce pour des gens qui n'ont pas de culture et qui n'ont pas l'esprit ouvert de ce côté-là? Et les mille et une questions difficiles, délicates qui se présentent parfois? Cela me confond qu'on puisse encore avoir des idées pareilles!

Encore une autre petite histoire. C'est celle de l'âne missionnaire, comme l'appelle Zébédée. Cet animal, qui appartient à la Mission, est dans ce moment à Antioka avec un confrère. Il est, paraît-il, d'un naturel très sociable. Chaque fois qu'il entend la trompette qui annonce les cultes, il accourt à toute vitesse et commence à braire avec force pour accompagner les cantiques. Je ne saurais vous dire s'il sait prendre le ton et chanter en mesure; mais en tout cas il fait l'accompagnement. Puis il s'en retourne paître tranquillement. Ces choses-là dérouteraient quelque peu une assemblée chez nous. Non content d'accourir au son du cor, notre âne a l'habitude de s'approcher toutes les fois qu'il voit un rassemblement d'hommes. Or l'année passée, le maïs, dans les environs d'Antioka, souffrait d'une maladie, ou plutôt était rongé, tout jeune, par une sorte de criquet ou de sauterelle. On était menacé de la famine. Motshényingouène, le régent, convoque tout son peuple et ses sorciers, persuadé que quelqu'un a jeté un mauvais sort sur les champs. Le principal des sorciers est interrogé. Il déclare qu'en effet il y a *quelqu'un* qui a ensorcelé le maïs.

— Dis-nous son nom ! s'écrie Motshényingouène. Je le tuerai !

Le sorcier se faisait prier, il atermoyait, hésitait, mais allait enfin se décider à désigner le coupable, quand tout à coup voici notre âne missionnaire qui arrive au grand galop au milieu de la place en brayant de toutes ses forces. Epouvanté, Motshényingouène prend la fuite, suivi de tous ses gens. C'est une dispersion générale et l'âne s'en retourne paisiblement à ses chardons, sans se douter qu'il avait peut-être sauvé la vie à un pauvre innocent.

Cet effroi général, causé par un âne qui brait.

peut paraître étonnant à distance. Mais cela peint les noirs superstitieux et craintifs à l'excès.

Il faudrait entendre Yosefa et Zébédée raconter cette histoire, de même que celle des éléphants ! Ils ont une mimique, des gestes de comédiens qui nous divertissent. Tout cela perd beaucoup à être écrit, cela va sans dire ! Quand Yosefa en aura l'occasion, il nous enverra ses deux ânes qui pourront nous être utiles ici, soit pour les courses, soit pour les commissions. Mais je crains qu'en notre compagnie le *saint* âne ne perde de son zèle. Le changement de vie et de lieu le déroutera peut-être.

CHAPITRE XI

A la recherche d'un emplacement.

A Morakouène. — Chez Nouamohlouène. — Conversion merveilleuse d'une sorcière. — Au bord de la mer. — Marécages partout. — Matsivi à l'œuvre. — Une photographie. — A Lourenço Marques. — On restera chez Eliachib.

Nous n'avons point encore trouvé d'emplacement pour nous installer; Paul est allé faire des courses dans plusieurs directions avec nos hommes et il s'est convaincu que partout, de chez Mapounga à Lourenço Marques, il y a des étendues de marais. Il voudrait trouver un endroit si possible près de la mer, car nous pensons que la bonne brise de mer pourrait contrebalancer l'influence pernicieuse des miasmes qui s'échappent des marécages en été.

Sa première course a été au gué de Morakouène, sur le Nkomati. (A deux heures environ au nord-est de chez Eliachib.)

Je ferais mieux de dire *bac* et non pas gué, car on ne passe qu'en bateau. Impossible de traverser autrement. Paul a trouvé là un Portugais.

sans compter plusieurs Banyans. On pourrait à la rigueur s'y établir. Ce serait passablement central : avec une barque on pourrait aller facilement à Lourenço Marques, et remonter le Nkomati pour aller à Antioka´ chez Yosefa. Mais l'endroit n'a rien de plaisant, et le voisinage des boutiques de Banyans nous repousse plus qu'il ne nous attire.

Une autre course, dirigée d'un autre côté, et qui a duré tout un jour, a conduit Paul dans un village où il y a dix à quinze chrétiens. C'est à trois heures d'ici environ, dans la direction de Lourenço Marques. Yosefa accompagnait mon mari avec plusieurs des hommes. Ce groupe de chrétiens est enseigné par la femme de Nouamohlouène. Elle a été amenée à la foi d'une façon tout à fait extraordinaire. C'est ici que Yosefa peut parler de massinguita (miracle, prodige). Cette femme était une sorcière. Une nuit, elle a rêvé qu'elle voyait Jésus au milieu de la mer avec un ange de chaque côté. Il tenait les coins du ciel avec ses deux mains et, plus haut, on voyait toutes sortes de choses magnifiques et resplendissantes.

— Où cette femme a-t-elle entendu parler de Jésus, pour rêver ainsi de lui ? demande mon mari à Yosefa.

— Nulle part ; elle n'avait même jamais entendu son nom.

— Mais il faut bien qu'elle ait une fois appris quelque chose, soit par des chrétiens de la mission, soit par les catholiques de la ville.

— Non, non, Moneri, je t'assure qu'elle ne savait absolument rien de Jésus. C'est un miracle.

Paul demanda encore à la femme si c'était bien ainsi, et elle le lui affirma. Le brave Yosefa était presque indigné de l'insistance que mettait Paul dans ses questions. Mon pauvre mari ne sait trop que penser de tout cela, car il trouve que ce fait est inouï dans les annales, non seulement des temps modernes, mais aussi des temps primitifs de l'Eglise. Cette femme aurait-elle vraiment eu une révélation, ou bien, ce qui est plus probable, aura-t-elle autrefois entendu vaguement parler de Jésus et oublié ensuite la chose jusqu'à ce que son rêve soit venu la réveiller au milieu de ses ténèbres ? Nous ne savons. Le fait est que ce songe lui donna à penser. Si je me souviens bien, elle entendit la voix de Jésus lui dire d'abandonner sa sorcellerie et de le suivre. Très impressionnée, elle raconta tout à son mari. Quelque temps après, pendant un orage, un éclair entre dans sa maison et renverse les charmes et les amulettes dont elle se servait dans son métier de sorcière. De plus en plus remuée, elle abandonne sa profession. Peu après, son mari s'en va à Lourenço Marques et rencontre des chrétiens qui lui parlent de Jésus. Il revient chez lui et raconte à sa femme qu'il a trouvé ce qu'il lui faut. Ils viennent tous les deux se faire instruire chez Eliachib et ils se convertissent. Dès lors, plusieurs personnes furent amenées à l'Evangile dans leur village, et c'est maintenant tout un petit troupeau qui aurait besoin d'un berger[1].

Seulement, dans tous leurs environs, il n'y a pas un coin où l'on puisse s'établir. C'est une immense étendue de marécages. Du reste, de quelque côté qu'on se tourne, on ne trouve, dans ce pays, que des bas-fonds marécageux. Aussi devons-nous renoncer à trouver un endroit élevé, loin des plaines, comme nous l'avions espéré. Il faudrait pour cela retourner au Lebombo, et c'est impossible.

Dans une troisième excursion qu'il fait actuellement, mon mari est retourné à Lourenço Marques afin d'explorer le bord de la mer et de voir s'il trouverait un endroit de ce côté-là. Nous bénéficierions de cette façon de la brise de mer,

[1] C'est là que fut fondée un peu plus tard l'annexe de Maçana.

qui doit être fraîche et tonique, et il y aurait le grand avantage que nous nous rapprocherions beaucoup des chrétiens qui vivent à Lourenço Marques, dans le village de Nouamohlouène et dans d'autres villages environnants. De plus, ce serait infiniment plus commode pour nous d'être plus près de la ville, car d'ici on ne peut que difficilement faire la course aller et retour en un jour.

Vous pouvez penser avec quel intérêt je suis mon cher mari dans sa course et comme il me tarde de le voir revenir pour savoir le résultat de ses explorations. S'il ne trouve rien, nous resterons probablement ici provisoirement, car le temps presse. Il faut absolument se mettre à bâtir le plus vite possible. Les Eliachib aimeraient bien nous voir nous établir près d'eux. Il est certain que ce serait bien bon pour toute leur jeunesse, leur orphelinat comme je l'appelle, d'avoir une école tout près.

Matsivi est tout heureux de se mettre à l'œuvre. Il est venu me montrer l'autre jour un cahier dans lequel il a inscrit les noms de tous les enfants de l'école, Routi et Martha en tête. Le brave garçon a été peu bien pendant quelques jours, mais, contrairement aux habitudes des noirs, il s'est fort peu plaint. Même un jour

La « Pointe vermeille » près de Lourenço Marques.

qu'il était tout malade et que Paul et moi nous étions en train de cuire du pain dans la marmite, Matsivi est venu nous demander si nous ne pourrions pas lui apprendre à faire cela pour que nous n'ayions pas la peine de nous exposer au feu ardent et au soleil. C'est bien gentil de sa part. Ce malheureux pain a été manqué, non pas à cause de la cuisson, mais parce que mon levain était tout moisi. Il avait trop vieilli depuis Krokodilriver. Aussi le pain n'a pas levé suffisamment.

Paul a pris hier une photographie de Yosefa. de Zébédée et d'Eliachib pour compléter celle des catéchistes faite à Valdézia[1]. Je ne sais ce que cela donnera, car Yosefa a beaucoup bougé. Il était tellement ravi d'être tiré en portrait, qu'il en perdait la tête! A cette occasion, je lui ai montré la photographie de ses collègues. Vous auriez dû voir sa joie de reconnaître son frère Jacob. Zébédée, lui, était hors de lui de revoir Jonathan. Il le saluait : « Bonjour, mon père! » Bientôt tous les chrétiens furent réunis devant le wagon pour admirer cette merveille. C'était une joie et des cris! Yosefa disait :

— Tiens, comme ils ont l'air blancs là-dessus!

— Oui, répondait ce farceur de Mahlékété,

---

[1] Voir les reproductions de ces photographies, p. 49 et 128.

vous voyez comme nous étions beaux à la maison!

31 juillet. — Mon mari est rentré de sa course à Lourenço Marques. Il a constaté qu'il n'y a pas d'endroit convenable pour un établissement entre ici et la ville, sauf peut-être sur la falaise, à une demi-heure environ de la maison du télégraphe; mais c'est trop près de la ville. Dernièrement, l'attention des blancs a été attirée sur les chrétiens et l'on commence à les ennuyer. Ce ne serait donc pas très prudent d'aller se mettre dans la gueule du loup, car alors nous pourrions être chassés, avec défense de nous établir dans le pays, tandis que, si nous nous installons un peu plus loin, personne ne s'inquiétera de nous. Et puis, il y a une seconde raison pour ne pas aller si près de la ville. A Lourenço Marques et dans les environs, la corruption, l'ivrognerie et les péchés de toutes espèces vous font penser à Sodome. Or, fonder une station quelque part, c'est y attirer les chrétiens qui, petit à petit, viendront tout naturellement s'établir autour de leur missionnaire. Or, est-il prudent d'attirer de nouveaux convertis dans un endroit où les tentations abondent à un point inouï? N'est-ce pas les exposer à retomber dans le mal avant qu'ils soient bien affermis?

Nous avons mûrement pesé le pour et le contre. Nous aurions bien aimé avoir avec nous des collègues et des amis pour n'être pas seuls à prendre une aussi grave décision. Mais quoique nous soyons tout seuls, Dieu peut nous diriger, et il le fera d'autant plus que tout autre conseil nous manque. Ainsi nous avons pensé que ce qu'il y a de mieux à faire pour le moment, c'est de rester ici. Ce qui nous y pousse surtout, c'est de voir que la maison d'Eliachib est un vrai centre, qui, jusqu'à présent, a tenu lieu de station. On y vient de tous les coins du pays, et nous nous expliquons maintenant pourquoi il y a toujours tant de monde par ici. Les gens y viennent en séjour pour se faire enseigner les choses de Dieu et pour apprendre à lire; ils restent quelques jours ou quelques semaines, puis ils retournent chez eux où ils enseignent à leur tour, tout en continuant à étudier tout seuls. Ou bien, on vient passer le dimanche en bandes pour assister aux cultes. On arrive déjà le samedi soir. N'est-ce pas comme aux temps apostoliques?

Etant donné ces circonstances, il nous a semblé que, puisque nous ne pouvons pas nous établir pour le moment plus près de la ville, nous ne ferons pas mal en restant ici, et hier matin, Paul et moi nous sommes partis en exploration, en quête d'un endroit favorable. Eliachib a bien su choisir. Il s'est mis aussi haut que possible, sans s'éloigner trop du lac. Il a de grands arbres tout près de sa maison. Bref, il a été très habile, et nous nous demandions s'il restait pour nous un coin aussi agréable. A force de chercher, nous avons trouvé à quelques minutes d'ici, de l'autre côté de la maison d'Eliachib, un endroit qui nous a beaucoup plu. C'est un peu plus bas, mais il n'y a pas grande différence, et pour aller à l'eau, c'est à peu près la même distance que d'ici. Il y a plusieurs jolis arbres, qui nous donneront une ombre agréable.

L'après-midi, nous y sommes retournés pour faire nos plans de bâtisse et nous avons décidé où nous mettrions nos maisonnettes. C'est donc chose faite, que Dieu y mette sa bonne main! Reste à s'informer auprès du chef Mozila si rien ne s'oppose à notre installation dans ce coin-là. Je doute qu'il suscite des obstacles, car il est très désireux de nous voir nous établir près de lui, et il paraissait même mécontent de ce que Paul s'en allât examiner tout le pays, puisque nous avons dit que nous venions pour les évangéliser, lui et ses gens. Cet après-midi, comme il est venu faire un petit tour par là, Paul lui a

parlé de nos projets. Mais Sa Majesté étant seule.
et monseigneur le grand conseiller étant absent.
il n'y avait pas moyen d'obtenir une réponse.
il faudra attendre le retour de ce dernier. Ce
Mozila est un jeune homme inoffensif, qui n'est
guère là que pour la parade, comme au reste
bon nombre de petits chefs africains. Celui qui
règle les affaires, c'est Makhani, le dit ministre.
qui a l'air d'un rusé compagnon.

Au commencement de notre séjour ici, Paul
avait envoyé au chef, comme salutation et en
manière de présentation, une pièce d'étoffe en
cadeau. Le lendemain, Mozila vint faire visite.
escorté de ses deux premiers ministres, Makhani
et Dick ; il était affublé d'une grosse paire de
lunettes bleues et d'une chemise pas très propre :
il était, je crois, passablement intimidé, et l'on
n'a guère entendu le son de sa voix. Pour lui
faire un petit plaisir et lui montrer quelque
déférence, je lui offris une tasse de café. Quelques jours plus tard, il revint, cette fois-ci sans
chemise ni lunettes ; aussi l'avons-nous à peine
reconnu.

Ce Mozila étant vassal de son oncle Mapounga.
Paul a dépêché auprès de ce dernier, il y a
quelques jours, Eliachib et Timothée escortés
d'un des ministres de Mozila chargé par leur

maître d'introduire nos deux chrétiens. Naturellement, Eliachib devait offrir à Mapounga, de la part du missionnaire, une pièce d'étoffe en cadeau. Le chef demeure de l'autre côté du Nkomati, assez loin d'ici ; aussi la course dura-t-elle deux ou trois jours. Nos chrétiens furent parfaitement reçus, et Mapounga apprit avec grande joie l'arrivée d'un missionnaire dans le pays. Il désire beaucoup être instruit, lui et son peuple, et il a répété plusieurs fois à Timothée combien il se réjouissait de voir Paul. Nos envoyés furent naturellement logés et nourris et, pour le retour, Mapounga leur donna deux chèvres. Ils en mangèrent une en voyage et l'autre a été tuée l'autre jour ici. Nous nous sommes régalés de son foie et d'une de ses jambes de derrière.

CHAPITRE XII

Organisation de l'œuvre missionnaire.

Pendant que Paul était à Lourenço Marques, Jim Boy est arrivé ici avec deux de ses frères. Les gens d'Eliachib lui ont fait grande réception. J'étais au wagon, ne sachant ce qui se passait. J'entends d'abord dans le lointain deux ou trois voix d'hommes chantant un de nos chants de marche. Grand émoi au village ; on s'appelle, on se rassemble. Loïs crie à Makondjoua, qui était près d'ici :

— Viens vite, les missionnaires (*bafoundisi*) arrivent !

Je me creusais la tête pour savoir ce qui pouvait bien causer tant d'embarras, mais sans arri-

Jim.   Paulus.   Philémon.

ver à trouver le mot de l'énigme. Pendant ce temps, les voix s'étaient rapprochées et la cohorte des chrétiens du village s'était mise en branle pour aller à la rencontre des arrivants. A un moment donné, elle entonne un chant de bienvenue. Puis viennent des discours, des cris de joie, des embrassades, des rires.... Quand nos gens reviennent à leur feu, je leur demande ce qui s'est passé

— C'est Jim avec ses frères, me répond-on très calmement.

Cela ressemble à nos noirs, cette réception. Pour peu qu'un des leurs ait un peu plus de richesse ou de savoir que les autres, on l'élève sur un piédestal. Après tout, c'est assez naturel, puisque nous aussi nous sommes fiers de nos grands hommes. Seulement, je ne pouvais pas m'empêcher de rire en pensant à ces bafoundisi qui ne sont pas encore baptisés.

Au retour de Paul, on fit de nouvelles conférences avec Jim Boy pour apprendre de lui les histoires des chrétiens du Tembé et de Lourenço Marques. Ces derniers temps, il avait quitté le Tembé et s'était établi en ville. Mais il retournera probablement au Tembé, car on l'ennuie à Lourenço Marques. Il paraît que, lorsqu'il a acheté une maison en ville pour en faire une chapelle, il a demandé aux autorités la permission d'y enseigner l'Evangile ; sa requête n'est pas arrivée jusqu'au gouverneur, et les subordonnés ont pris sur eux de faire des menaces à Jim en lui disant que, s'il continuait à prêcher, on le mettrait en prison.

Ces messieurs se sont aperçus que le christianisme fait des progrès, que les jeunes filles, en particulier, se laissent gagner par l'Evangile, et cela ne fait pas leur compte.... Les policemen entre autres sont en rage, et l'un d'entre eux, dès qu'il apercevait une fille de l'Eglise, courait après elle pour lui arracher son mouchoir de dessus la tête. Or, dernièrement, cet homme est mort, et ses collègues accusent les chrétiens de lui avoir jeté un sort. Jim est sur le qui-vive, car on continue à le menacer et l'on prétend que, dès que le gouverneur sera de retour, on le saisira pour l'enfermer. Je ne sais si je vous ai dit que le gouverneur est à Lisbonne, malade, ce que chacun ici regrette beaucoup, car il paraît que c'est un homme excellent.

Paul s'est informé qui enseignait à la chapelle de Jim pendant son absence. On lui répond que c'est un jeune homme qui sait lire, mais qui n'est pas encore croyant. Grand étonnement de Paul.

— Comment, demande-t-il, peut-on enseigner

l'Evangile quand on n'y croit pas? Et d'abord.
qu'est-ce que ce garçon sait?

— Il a été quelque temps à l'école du curé.

— Mais s'il va enseigner la religion catholique, cela ne fait pas notre affaire.

— Oh! il enseigne uniquement d'après le
boukou. Il a complétement abandonné le prêtre.
et celui-ci en est si fâché, qu'il a menacé de le
faire battre. Le jeune homme a répondu : « Bat-
tez-moi, si vous voulez, moi je veux suivre le
Seigneur Jésus! »

— A la bonne heure! Si seulement tous les
chrétiens étaient disposés à se laisser battre
comme celui-là. Certes, si cela ne s'appelle pas
être croyant, je ne sais pas ce que c'est qu'un
chrétien!

Jim avait trois femmes, et il est disposé à
quitter maintenant les deux dernières. Seulement
la seconde ne veut pas le lâcher! Elles sont
toutes les trois ici et sont de l'Eglise. Aussi
Paul les fit-il appeler pour leur parler et pour
tâcher de leur faire comprendre la position. La
troisième n'a pas l'air de se tourmenter beaucoup. Mais la seconde pleurait comme une Ma-
deleine. Elle est déjà assez vieille, puisqu'elle a
une fille à marier d'un premier mari. Elle est
bien plus âgée que Jim, et peut-être craint-elle

de ne pas retrouver un mari, ce qui, pour les négresses, est le comble de la désolation. Elle a pourtant fini par céder, et elle restera ici avec sa fille.

Le pauvre Jim est dans une position qui lui est en piège. D'abord, il est le neveu du chef Mabaï, du Tembé, et, comme tel, il a du sang princier dans les veines, ce qui lui donne bien un peu d'orgueil. Puis il est intelligent et riche. Enfin ses chers amis et frères font tout pour l'enorgueillir. Paul s'est vu dans l'obligation de lui en faire rabattre passablement. D'abord maître Jim a paru se raidir, mais, petit à petit, il a cédé et s'est soumis. C'était entre autres à propos de ses femmes. Il ne voulait pas qu'on sût au Tembé qu'il les avait abandonnées, craignant, disait-il, que quand les païens apprendraient la chose, cela ne leur fît peur et ne les éloignât de l'Evangile, en leur faisant voir qu'une fois qu'on est chrétien, il faut se contenter d'une seule femme. Le pauvre homme ne voyait pas que cette crainte lui venait tout droit de Satan, qui aurait bien voulu l'entraîner dans la dissimulation,... puis plus loin. Il avait peur, c'était évident, qu'on ne se moquât de lui, et il cherchait à se donner le change. Pourtant, après un entretien sérieux avec Paul et Yosefa, il parut comprendre et renonça à cacher sa conduite.

Je suis très frappée de l'humilité et de la modestie de ce brave Yosefa. Sans doute il n'est pas encore un saint, et ne le sera probablement que dans la vie à venir, comme nous autres. Mais il est tout à fait excellent. Par exemple, il ne craint pas de raconter qu'avant notre arrivée il était tout perdu et ne savait plus dans quel mois de l'année il vivait. Aussi ne pouvait-il pas être sûr de la date de la naissance de sa dernière née, Talita, qui a fait son entrée dans ce monde peu avant le moment où Yosefa a quitté Antioka pour venir à notre rencontre. A force de calculs, Paul a pu découvrir cette date. Yosefa en était tout content, car la seule chose qu'il savait c'est que la naissance avait eu lieu un jeudi.

Zébédée aussi est un brave garçon, plein de zèle et d'entrain. Il ne manque pas un jour son école, aussi n'assiste-t-il aux conférences qu'après midi. C'est une chose très méritoire pour quiconque connaît nos catéchistes et leur désir de poser comme tels. La seule *pose* que s'accordent Yosefa et Zébédée, c'est de promener partout avec eux un chiffon, autrefois blanc, qui représente un mouchoir. A l'ordinaire, ce chiffon ne fait pas l'office de mouchoir de poche, ce serait trop dommage ; on le réserve pour les moments solennels, tels que les cultes ou les conférences avec Monéri. Le reste du temps, on se contente de tortiller le dit chiffon dans ses doigts pour se donner une contenance.

L'école, je l'ai dit plus haut, se tient dans le parc au bétail, qui est le salon des indigènes. C'est aussi dans cet endroit intéressant que nous avons le culte du dimanche matin. Avant le service, on a soin d'enlever ce qui rappellerait d'un façon trop vivante le séjour très récent du bétail dans l'enceinte. Puis on étend des nattes, sur lesquelles les femmes s'asseyent. Les hommes ont chacun un siège quelconque. On a aussi l'attention de mettre une natte sous mes pieds.

Dimanche, il avait été décidé que nous irions tous ensemble évangéliser dans les villages environnants. Paul étant passablement fatigué de sa prédication du matin, c'est moi qui devais accompagner la troupe. Pensant qu'on partirait aussitôt l'école du dimanche finie, je me dépêche de relaver après le dîner, craignant de faire attendre mon monde. Zébédée était en fonctions et allongea si bien son affaire qu'à trois heures et demie on l'écoutait encore! On lui fait dire que c'est le moment de clore la séance, et je vais ensuite voir ce qui se passe.

— Mais Zébédée, lui dis-je, tu as parlé bien

longtemps. Il ne reste plus qu'une heure et demie avant le coucher du soleil !

— C'est que tous ces gens ont tellement faim, qu'il faut bien les nourrir, me répond Zébédée d'un air béat.

— Tu oublies qu'il y en a d'autres aussi à nourrir. Il faut partager entre tout le monde !

Et Yosefa d'appuyer. C'était en effet trop tard pour s'en aller dans les villages, car nous n'aurions eu que le temps d'aller et de revenir.

12 août. — Paul nous a fait ce matin une excellente prédication sur : « Le salaire du péché c'est la mort, » etc. Il sent fortement le besoin de ramener les membres de notre petite Eglise à la croix de Christ et à la conviction personnelle du péché. Naturellement, les plus avancés, Loïs, Routi, Yosefa surtout ont une vie spirituelle profonde. Mais ils ne voient pas ce qui manque aux autres. Ils sont émerveillés quand ils voient accourir des bandes de jeunes convertis qui ont « faim et soif, » et ils les nourrissent tant qu'ils peuvent. Ils font culte sur culte, et l'on n'en a jamais assez ! Yosefa est tout étonné que Paul ne fasse pas de même. Hier, Paul avait résolu de faire part à Yosefa et aux autres catéchistes de ses impressions sur l'œuvre et de leur faire une exhortation sur la nécessité de poser le vrai fondement, comme tout sage architecte doit le faire. Mais il ne croit pas que Yosefa ait bien compris, car après toutes ces exhortations, le brave homme lui dit :

— Vois-tu, Moneri, les gens ici sont affamés des choses spirituelles, ils ne veulent plus qu'on leur parle des choses de la terre. Ils demandent à être nourris avec abondance des choses du ciel. Il faut les exhorter beaucoup, beaucoup, continuellement, sans cela ils retomberont !

Voilà le système : réunion sur réunion, excitation continuelle, sans cela, on retombe. Nous ne serions pas étonnés, quant à nous, s'il y avait recul pour commencer, quitte à reprendre le dessus plus tard. La conversion a été trop facilitée, nous semble-t-il. Quand il s'agira d'aller plus profond, combien y en aura-t-il qui persévéreront ? Dieu veuille que ce soit le plus grand nombre. Au reste, il y a beaucoup de va-et-vient. Paul a dû effacer déjà bien des noms des registres. Il est vrai qu'il y en a souvent aussi des nouveaux à inscrire.

Ce qui prouve aussi combien ces jeunes chrétiens sont encore peu solides, c'est que, dans tout ce grand nombre, Yosefa n'a pu indiquer à Paul que trois ou quatre personnes à examiner en vue du baptême. Il faut dire que jusqu'à présent, sauf pendant les séjours de Yosefa ici, — et ils ne sont pas fréquents, — il n'y a personne qui puisse enseigner véritablement tous ces troupeaux. Celui qui sait lire fait le culte. Ici, c'est une jeune fille, là une femme, ailleurs un jeune garçon et ainsi de suite.

Yosefa, Zébédée, Mahlèkètè et leur bande vont nous quitter pour prendre le chemin d'Antioka. Hier encore, on a conféré longtemps pour achever de décider ce qui restait encore en suspens. La saison est si avancée qu'il n'est guère possible que Jonas et Timothée pensent à aller s'établir cette année, l'un au Tembé, l'autre chez Mapounga, d'autant plus que les transactions avec les chefs sont loin d'être terminées. Aussi désirent-ils rester ici pour l'été et y cultiver leurs champs pour avoir de quoi manger. Puis, l'année prochaine, ils pourraient bâtir au commencement de la saison sèche. Comme cela, ils resteraient encore quelques mois près de nous. Paul pourra les envoyer, de dimanche en dimanche, évangéliser ou paître les petits troupeaux sans berger du côté de la ville. Il nous paraît que ce n'est pas un mauvais plan. Ils pourront aussi continuer à s'instruire un peu, ce qui n'est pas du luxe.

————————

CHAPITRE XIII

Le permis d'établissement.

Plans entravés. — Veto de Mozila. — Constructions projetées. — Visite au chef Mapounga. — Comment les chevaux traversent les rivières. — La pluie sur le campement. — Seconde visite à Mapounga. — Départ laborieux. — Les mesquineries d'un potentat africain. — La vengeance d'un ivrogne. — Autorisation enfin obtenue. — Abus dans l'Eglise naissante.

Nous commençons à faire nos plans d'établissement, et cependant nous nous demandons encore si c'est vraiment ici que nous bâtirons. Le petit chef Mozila se prend au sérieux, paraît-il, et il ne permet pas que, dans son pays, on bouge sans sa permission. J'ai dit plus haut comment nous l'avions informé de nos projets. Son conseiller Makhani en fut nanti à son tour. Tous deux s'étaient déclarés d'accord. Paul recommanda en conséquence à nos gens d'annoncer à tous ceux qu'ils verraient que nous cherchions des ouvriers et des matériaux de construction. Mais voici maître Mozila qui fait dire que ce n'est pas comme cela qu'on fait, qu'on doit s'adresser à lui, que c'est lui qui commandera les hommes, etc. Bon, nous voilà en contravention !

Mais ce n'est pas encore tout. Aujourd'hui, nous allons, Paul et moi, tout innocemment nous promener du côté de notre emplacement pour faire nos plans et combiner la position respective de nos futures maisonnettes. Pendant que nous étions occupés, passent Mozila et sa suite. A notre retour, Yosefa vient avec une longue mine dire que le chef fait des remontrances. Il demande pourquoi nous nous promenons ainsi en regardant le terrain, quand les choses ne sont pas encore arrangées officiellement. Il dit qu'il attend toujours qu'on lui envoie Eliachib, qui, selon l'ordre établi et les cérémonies usuelles, doit être le trait d'union entre le blanc et le chef du pays. Eliachib doit donc se présenter, annoncer nos intentions, puis le Conseil réuni délibérera et donnera sa réponse. Après cela seulement, nous pourrons demander hommes et matériaux, et Mozila commandera la manœuvre. A force de cérémonies et d'histoires, nous finirons par passer l'été dans le wagon, si cela continue, d'autant plus qu'Eliachib est absent et qu'on ne sait quand il reviendra.

Paul a envoyé ce soir Yosefa et Zakaria pour

dire au chef que nous étions pressés d'arranger les affaires et lui demander si cela ne pourrait pas se faire malgré l'absence d'Eliachib. Mais nos hommes n'ont pas trouvé le chef à la maison. Il était allé acheter de l'eau-de-vie à un Banyan qui passait. Mozila veut-il simplement faire l'important, ou bien a-t-il vraiment l'intention de nous tracasser ? Nous pouvons à peine croire qu'il veuille nous ennuyer, car il désirait nous voir nous établir près de lui. Ainsi nous avons bon espoir que tout s'arrangera. S'il fait des difficultés, nous penserons que Dieu veut que nous allions nous établir près de la ville, dans un endroit que Paul avait examiné, et nous dirons à Mozila : « Bonsoir, mon ami. Puisque tu ne veux rien de nous, nous partons. »

J'avoue que, pour mon compte, j'aimerais bien que nous nous fixassions ici, maintenant que c'est chose décidée. Ce qui nous a dirigés dans le choix de l'emplacement sur lequel nous avons jeté notre dévolu, c'est qu'il y a plusieurs grands arbres qui nous feront une jolie ombre tout le jour. Nous avions d'abord pensé bâtir à côté du bosquet pour avoir un peu de vue, mais il fait si chaud ici, que nous avons décidé aujourd'hui de bâtir au beau milieu du bosquet, parmi les arbres, afin que la place entre les huttes soit à l'ombre. Cela fait une immense différence pour la chaleur. Nous ne savons pas encore au juste ce que nous bâtirons. Il faut voir d'abord ce que nous pourrons nous procurer en fait de perches, de roseaux, d'herbe, etc., et à quel prix cela reviendra. Pas question de bâtir en briques, car il n'y a pas de terre pour en faire dans le voisinage. Plus tard, nous en trouverons peut-être un peu plus loin, dans les marécages, s'il s'agit une fois ou l'autre de bâtir définitivement. Donc, si nous pouvons, nous aimerions avoir une petite maison carrée, avec une étroite véranda tout autour pour protéger les murs contre le soleil. Ce serait notre chambre à coucher, où nous nous tiendrions pour travailler. A côté, une sorte de hangar fermé de trois côtés tiendrait lieu de cuisine. Un peu plus loin, une hutte ronde servirait de chambre à manger (*chambalamanger*, comme dit Mahlékété, qui se pique de savoir un peu de français). On ferait un galandage pour en séparer un coin qui serait la dépense. Voilà en gros les plans d'architecte! Nous pouvons acheter des portes et des fenêtres à Lourenço Marques, ce n'est pas très cher.

12 août 1887. — Hélas! quand je commençais cette lettre, le 4 août, nous nous croyions à la veille de déménager et de commencer nos bâtisses. Et aujourd'hui nous n'avons pas encore bougé! Mozila a été pris de scrupules et tout à coup il a averti Paul qu'il retirait son consentement jusqu'à ce qu'on ait obtenu celui du grand chef Mapounga. Que faire? Paul décida d'aller lui-même chez Mapounga avec plusieurs de nos hommes, pensant que cela activerait les choses. Donc, mardi matin, il se mit en route.

Mapounga se montra très heureux de sa visite, mais déclara qu'il ne pouvait donner aucune permission sans le consentement de ses conseillers et qu'il ne les réunirait que le lendemain pour les consulter. Cela voulait dire qu'il désirait que Paul restât un jour de plus. Mais mon mari, craignant que les affaires ne s'allongeassent indéfiniment, pria Mapounga de lui permettre de rentrer le soir à notre campement et lui demanda de lui envoyer un messager, une fois la décision prise. Mapounga consentit à la chose, mais il parut ennuyé de ce que Paul partait, et il laissa percer un peu de mauvaise humeur. C'est après coup que Paul s'est rendu compte de la chose, car, au moment même, Mapounga ne dit rien et lui serra la main amicalement au départ.

J'avais un peu de souci de savoir comment Couvet traverserait la rivière à Morakouéne, car on ne peut passer qu'en bateau. Or, comme notre cheval n'aime pas beaucoup l'eau, je craignais qu'il ne fît des façons. Paul eut la précaution de ne pas le laisser boire avant de partir, car s'il n'avait pas eu soif, on n'aurait pas pu le décider à entrer dans le fleuve. Puis on lui attacha le museau avec une lanière tenue, ainsi que la bride, par les passeurs qui étaient dans leur pirogue, et,... en route! Le pauvre animal fut obligé de suivre le bateau en nageant. On ne voyait de lui que sa tête et sa queue, qu'il tenait droit en l'air. Pendant ce temps, Paul et sa bande passaient avec un autre bateau. Ce ne sont que des pirogues, creusées dans des troncs d'arbres et conduites par de jeunes garçons qui savent très bien manier leurs pagaies. Pendant que je vous parle de Couvet, il faut que je vous raconte qu'on lui a volé une partie de sa queue pendant que nous étions à Lourenço Marques. Le voleur a eu soin de couper les crins par-dessous, afin qu'on ne s'aperçût pas tout de suite du rapt. N'est-ce pas indigne?

Le lendemain de la visite de Paul au chef, nous nous attendions à voir arriver le messager promis. Rien! Le surlendemain, il pleuvait. Les noirs ne voyagent guère par la pluie. Aujourd'hui, nous attendons de nouveau.... Toujours rien! Qu'est-ce que cela signifie? C'est une rude école de patience pour nous. Nous voyons le temps passer, s'enfuir; l'été va être là, et nous ne pouvons pas bouger. Enfin notre Père céleste sait tout cela. Il n'y a que cette pensée qui nous rassure. Si nous ne pouvions pas être sûrs qu'il veille sur nous et dirige les événements, nous serions bien anxieux, surtout quand nous voyons, comme c'était le cas hier, tomber des torrents de pluie! C'est pendant la nuit que cela a commencé. Nous avons été réveillés par le bruit des averses qui tombaient sur la toile du wagon... et sur toutes nos choses qui sont forcément dehors, exposées aux intempéries. Ce n'était pas très gai!

Le matin, je me demandais comment Zakaria s'y prendrait pour faire du feu. Je m'attendais un peu à le voir rester accroupi sous sa tente à regarder tomber la pluie, ce que bien d'autres auraient fait à sa place. Au lieu de cela, nous l'entendons qui s'agite, qui se démène. Il y a des remuements de caisses, une bêche qui creuse dans le terrain,... puis le feu flambe, puis Zakaria vient dire tout glorieux :

— La bouilloire bout!

Je le félicite de son habileté, et, aussitôt habillés, nous soulevons notre toile toute trempée et nous sortons pour préparer le déjeuner. Nous trouvons nos gens accroupis autour d'un joli feu, dans une petite cuisine improvisée qui prouvait que notre Zakaria est un homme de ressources en temps de pluie. Il avait planté en terre des branches d'arbres et avait étendu pardessus une peau de bœuf pour faire le toit. Puis, comme tout notre bois à brûler était trempé, il avait eu l'heureuse idée de prendre sous les caisses les blocs qu'on y avait placés pour les préserver des dégâts des termites.

Tout autour du feu, il avait mis sécher du bois pour la suite. Nous lui fîmes compliment sur son esprit inventif ! Grâce à cet arrangement, je pus faire le dîner sans m'exposer trop à la pluie. Seulement, ce qui n'était guère amusant, c'est que la veille j'avais préparé du levain, car notre pain touchait presque à sa fin. Impossible de songer à cuire du pain par un temps pareil ! Que faire ? Je pétris un petit pain au bicarbonate de soude et nous le cuisîmes sur la braise, dans un mignon petit *cassoton*. C'est tout petit, cela a l'air d'un jouet d'enfant, mais il m'est très commode pendant que je n'ai pas de four. La pluie est bien désagréable en wagon : tout se rouille, se pourrit, s'abîme. Aujourd'hui, il a fallu sécher ce qu'on a pu.

14 août. — Nous ne savons encore rien de la

décision de Mapounga. Eliachib, qui connaît un peu son caractère, dit qu'il croit que le chef n'enverra personne, que c'est de sa part une ruse pour avoir une nouvelle visite de Paul. Ainsi, mon pauvre mari va se remettre en route après-demain et qui sait quand on le reverra? Ce n'est pas commode de dépendre de ces potentats qui ne voient absolument que leur volonté et leurs caprices et qui ne peuvent pas comprendre le moins du monde nos besoins et notre manière de vivre. Par exemple, tous les noirs admirent tellement notre maison à roues, ou plutôt à *jambes*, comme ils disent, qu'ils seraient bien étonnés si on leur disait que nous nous réjouissons d'en sortir pour vivre dans une hutte. Ils ne voudraient pas le croire, et ils nous prennent pour des seigneurs parce que nous avons une si belle maison!

Mardi, 16 août. — Voilà Paul parti pour chez Mapounga avec une bande de gens. Tout le monde se mettait en route ce matin. Une troupe de femmes, qui avaient passé ici le dimanche, s'en retournaient chez elles. Yosefa et ses gens partaient pour Antioka, puis Paul et ses suivants,... c'était une vraie débandade! Nous nous sentons tout abandonnés! Et pour moi, je trouve que le temps se traîne, et je vou-

drais bien qu'on fût déjà à demain après-midi.
Comment Paul dormira-t-il? Au moins il sera
sous toit, car Mapounga a une hutte exprès
pour ses visiteurs. C'est déjà quelque chose. Si
nous étions installés et que nous eussions toutes
nos affaires, il aurait pu prendre avec lui plus
de choses, mais nous n'avons encore rien. Ainsi
il aurait fallu avoir un morceau de toile cirée
pour envelopper ses couvertures, car la pluie
menace toujours. Une heure ou deux après le
départ de Paul, il y avait de gros nuages et
même il est tombé quelques gouttes. Il semblait
qu'une bonne pluie se préparait. Quel n'a pas
été mon soulagement en voyant les nuages se
dissiper! Vous pensez comme ce serait agréable
et sain d'arriver là-bas trempé, sans habits secs
ni lit chaud pour se réconforter.

J'ai cru que Paul ne pourrait jamais partir
ce matin. Nous comptions qu'il se mettrait en
route tout de suite après le déjeuner et nous
avions tout préparé en conséquence. Mais la
bande d'Antioka n'était pas prête. Il y avait
encore une foule de choses à demander : l'un
voulait du savon, un autre du pétrole, un troisième du sel, des boutons, un sac, etc.; enfin
Zébédée avait des histoires à régler avec Paul.
Bref, ce n'est qu'à dix heures qu'on se réunissait

pour prier ensemble une dernière fois. Voyant qu'il était si tard, je préparai le dîner pour Paul pendant qu'on sellait. Arrive Jonas, qui demande de la médecine pour son aînée, Dina, qui est assez malade. Paul ouvre sa petite pharmacie de voyage et, pendant qu'il prépare sa drogue, passe l'arrière-garde des partants, Yoséfa et Zébédée. Voyant la boîte à médecine, ils s'écrient : « Voilà ce que nous avons encore oublié de demander ! » Sur quoi, il faut encore préparer des remèdes en provision pour les yeux, pour la poitrine, pour la tête, etc. Pendant ce temps, j'ôtais du feu mes casseroles, craignant que mon dîner ne brûlât, puis je les remettais au chaud, voyant qu'on tardait.... Je ne sais combien de fois j'ai fait ce manège, jusqu'au moment où enfin Paul put s'asseoir et manger un morceau avant de monter en selle.

Samedi, 20 août. — Paul est revenu avec ses hommes mercredi vers la fin de l'après-midi. Je guettais son arrivée, et grande fut ma joie d'apercevoir sa casquette blanche à grand bavolet au milieu des arbres. Le pauvre homme était très fatigué, de même que son cheval. La veille, arrivé à Morakouène, il avait trouvé tous les passeurs ivres d'eau-de-vie, bruyants et désagréables au possible. Eliachib, qui était parti

en avant, avait déjà traversé, ainsi que Zidiâne, l'homme que Mozila avait envoyé avec la
bande pour entendre et rapporter les paroles de
Mapounga. Paul eut toutes les peines du monde
à obtenir qu'on fît passer Couvet. Les garçons
ne savaient ce qu'ils faisaient et criaient et
sautaient tellement autour du cheval, que le
pauvre animal, réellement épouvanté, se dressait
sur ses pieds de derrière, ce que nous ne lui
avons jamais vu faire, et refusait de descendre
dans l'eau. A la fin pourtant, le moins « lancé »
des passeurs, auquel Paul promit un schilling
s'il réussissait à faire traverser la rivière à
Couvet, parvint à décider notre animal à suivre
le bateau. Mais la pauvre bête était dans un tel
état de fatigue et d'énervement que Paul craignait beaucoup que cela ne la rendît malade.

Mapounga fut assez surpris de voir Paul revenir, mais il témoigna un grand plaisir de sa
visite. Eliachib s'était un peu trompé sur ses
dispositions, paraît-il, et le retard avait une
autre cause : le chef avait commencé par envoyer un messager à Lourenço Marques pour
avertir le gouvernement portugais du désir et
de la demande de Paul. On lui avait répondu
que le gouverneur était absent et que, du reste,
en ville, on tolérait l'enseignement des chrétiens.

Donc, tout était en règle au dire du chef, qui ne s'était point pressé de nous le faire dire.

Voyant que, cette fois-ci, Paul ne lui apportait rien, Mapounga réclama un cadeau, en disant que les blancs lui apportaient toujours quelque chose : du vin, ou bien des dames-jeannes d'eau-de-vie ou toute autre chose. Paul chercha à lui faire comprendre que les missionnaires ne sont pas comme les commerçants qui, eux, gagnent beaucoup d'argent, et qu'il ne leur est pas possible de faire une quantité de cadeaux, puisque leur affaire c'est d'apporter aux noirs le salut et le pain de vie. Mapounga demanda alors si le missionnaire ne lui donnerait pas au moins une livre sterling. Heureusement Paul n'avait pas sa bourse avec lui, il n'avait pris que quelques pièces de monnaie au fond de sa poche. Il les exhiba en disant que c'était tout ce qu'il avait avec lui. Le chef eut pourtant un peu honte de son insistance et lui fit signe de rentrer son argent.

Peut-être le manque de cadeau indisposa-t-il quelque peu Mapounga, car il n'envoya aucune victuaille aux gens qui accompagnaient mon mari. Le soir, il leur fit tenir deux poulets gros comme des pigeons; pour huit personnes, c'était peu. Aussi, en revenant, les pauvres gens mouraient-ils de faim. Tout cela n'est guère digne d'un grand chef, il faut l'avouer. Le soir, Paul réunit les gens pour la prière. Le chef se fit excuser sous prétexte qu'il avait sommeil !

A huit heures, on se retira dans la hutte des visiteurs. Paul avait emporté une bougie et, pendant que ses compagnons s'étendaient par terre et cherchaient le sommeil pour oublier leur faim, il put faire quelques lectures pour se détendre un peu l'esprit. Il y a dans la hutte, à l'usage des blancs en passage, une sorte de lit ou de canapé sur lequel est tendue une peau de bœuf. Paul avait pris avec lui un hamac et il le suspendit aux bras de ce lit, ce qui n'allait pas mal. Il aurait même passablement dormi, s'il avait été seul dans la hutte ou s'il n'avait eu avec lui que deux ou trois de nos chrétiens. Mais le païen Zidiâne faisait du bruit comme quatre, entrant et sortant constamment. D'autres ronflaient, un autre toussait,... bref, le repos ne fut pas long.

Le lendemain matin, Mapounga assista au culte. La petite bande s'en alla jusqu'à la mer, qui n'est pas très loin, puis revint prendre congé du chef. Mapounga secoua plusieurs fois la main de Paul avec grande effusion à son départ. Donc, tout était terminé. Le chef avait donné carte blanche à Paul. Il pouvait bâtir où il voulait, faire ses champs où bon lui semblait, et Mozila n'avait qu'à approuver; mon mari lui demanda encore s'il désirait avoir pour lui un catéchiste indigène. Vous savez que Timothée était désigné pour cette place. Le chef n'en veut rien. Il lui suffit, dit-il, que le missionnaire blanc s'établisse dans ses Etats.

En revenant, le pauvre Couvet recommença à avoir des peurs bleues du Nkomati. Matsivi proposa de lui bander les yeux, ce qui réussit très bien. Le passage se fit mieux que la veille. Zidiâne, qui pour se consoler de n'avoir rien eu à manger avait bu de l'eau-de-vie, ennuya tous les autres le long du chemin et mendia un shilling à Paul. Arrivé ici, il recommença ses histoires et ses lamentations. Comme il n'avait pas du tout bien fait son devoir, Paul ne voulut rien lui donner. Mais cet ennuyeux compère ne nous laissa pas une minute de tranquillité. Je réussis enfin à le congédier, et il partit en grommelant :

— Puisque c'est ainsi, je ne répéterai pas les paroles du chef.

Le lendemain matin, Paul, Eliachib et nos hommes se rendent chez Mozila pour lui faire part des affaires. Le petit chef et son ministre

Makhani étaient allés dans un village voisin pour boire de la bière. Ils dirent que tout était en règle et que, quand ils ne seraient plus *occupés*, ils viendraient chercher mon mari pour aller examiner la place avec lui. « Bon, nous disions-nous avec soulagement ; cette fois nous pouvons considérer la chose comme décidée, nous allons pouvoir déménager et commencer nos bâtisses ! » Et nous voilà devisant de nouveau sur nos plans que nous avions abandonnés jusqu'à ce que nous eussions obtenu toutes les autorisations nécessaires.

Dans l'après-midi arrivent Mozila, Makhani et Zidiâne avec un autre ministre de deuxième ordre, Gobè, un borgne, dont le petit village se trouve assez près de l'emplacement sur lequel nous avons jeté notre dévolu. Makhani porte la parole et dit que l'endroit en question ne peut nous être accordé parce que Mozila désire y transporter son village ! En voilà encore bien une autre ! Evidemment, c'est pur prétexte.

— Au reste, ajoute Makhani, la place ne manque pas dans le pays.

Et il indique plusieurs endroits dont il vante la situation ; à l'entendre, on ne peut rien voir de mieux. Paul lui répond tranquillement :

— Tant mieux pour vous si ces endroits vous

plaisent. Mais ce qui vous va, ne nous arrange pas, nous, car nos goûts sont très différents. La place que tu montres là-bas est trop loin de l'eau ; cette autre est trop bas ; cette troisième n'a point d'arbres, et nous voulons de l'ombre. Je n'ai vu ici que deux endroits qui me plaisent : celui qu'a choisi Eliachib et celui que j'ai choisi moi-même. Je ne veux pas déloger Eliachib, ainsi il ne reste que l'autre.

Makhani dut comprendre que c'était à prendre ou à laisser. Du reste, nous voyions parfaitement bien ce qui les chicanait. Ils nous trouvaient trop près d'eux, et, comme Mapounga, leur faim eût été suffisamment assouvie si nous nous étions établis à quelques kilomètres de leur village.

Timothée prend alors la parole :

— En arrivant ici, nous ne connaissions que le chef du pays, Mozila, et c'est à lui que nous nous sommes adressés. Il nous a envoyés chez Mapounga en nous disant que c'était Mapounga qui devait tout décider. Eh bien ! maintenant Mapounga a parlé, et il a dit que Monéri pouvait bâtir à la place qui lui conviendrait.

Makhani fut obligé d'avouer qu'en effet il ne restait plus guère qu'à se soumettre, puisque le grand-père avait parlé.

— Sans doute, fit-il, Mapounga est le père de

Mozila, comme il est le père de Monéri. Donc, si Monéri veut bâtir à côté de son *frère* Mozila, qu'il bâtisse!

Arrive maintenant Zidiâne. Il commence un discours auquel nous ne comprenons pas grand' chose, car il a toujours soin de parler à moitié zoulou et de faire des phrases ampoulées avec force intonations affectées pour se donner de l'importance. N'avait-il pas l'impudence de prétendre que Mapounga avait ordonné d'en référer à Mozila pour le choix de l'emplacement! C'est ce qui ressortait des exclamations indignées de Timothée et de Matsivi (malheureusement Eliachib était absent), qui le rappelèrent à l'ordre. Malgré cela, Zidiâne continuait à broder pour servir les intérêts de Mozila. Pourtant nos hommes lui tombèrent dessus avec tant de vigueur, qu'à la fin il dut se rendre et convenir qu'on ne pouvait échapper à l'ordre du chef.

Toutes ces discussions prirent beaucoup de temps, car les noirs, surtout quand il s'agit d'affaires officielles, ont le don d'allonger indéfiniment les choses. Timothée est très habile et sait tirer parti des situations. Aussi est-il bien utile dans ces cas-là. Zidiâne dit qu'il est le ministre de Paul, mais pas Matsivi, parce qu'il parle quand on ne lui demande rien, prétend-il.

Cela vient sans doute de ce que, déjà chez Mapounga, Zidiâne ayant essayé de raconter au chef une histoire de sa façon, Matsivi, qui était tout près, lui avait dit :

— Eh ! Zidiâne, qu'est-ce que tu racontes-là ? Voyons, dis la vérité.

Donc Timothée se lève tout à coup en disant :

— Mais, nous sommes là à discuter sans être sur les lieux. Allons donc voir l'emplacement.

Et les voilà partis.

Maintenant tout est arrangé. Paul a prié Mozila de permettre aux hommes de travailler, et si les gens mettent un peu de bonne volonté à nous apporter perches, roseaux, herbe et terre, nous aurons sans trop tarder un toit pour nous abriter. Mais tout sera cher, il faut nous y attendre. Les gens ne travaillent pas pour rien dans ce pays! Cela nous fait de la peine de penser que notre établissement, tout modeste et provisoire qu'il soit, coûtera si cher. Nous avons fait notre possible pour obtenir les choses à meilleur compte. Cela ne nous a pas réussi, les gens aimant mieux remporter leurs marchandises à la maison que de baisser leurs prix. Et avec cela ils font un tapage! Ils ne sont pas commodes, je vous assure. Une fois les achats bien en train pour les bâtisses, j'espère que Paul pourra laisser Zakaria continuer à les faire. C'est une chose qui lui va tout à fait, tandis que nous en sommes ennuyés et éreintés au possible.

Un de nos bœufs ayant péri il y a quelque temps, de fatigue et de vieillesse, nous avons vendu la viande pour du maïs. C'est Zakaria qui a fait la besogne, mais lui-même en avait assez à la fin! Si vous aviez vu ces nuées de vautours autour de la bête dépecée! On ne peut faire autrement que de comparer les noirs à ces volatiles, car on dirait positivement qu'ils sentent la viande de loin, tant ils sont pressés d'accourir dès qu'il y en a quelque part. Et puis, tous les hommes étaient ivres ou à peu près, grâce au passage d'un blanc, hélas! qui avait laissé derrière lui des dames-jeannes de cette drogue empoisonnée qu'on répand à flots dans le pays. Ils avaient, par conséquent, encore moins de retenue qu'à l'ordinaire, aussi étions-nous envahis, ennuyés tout le jour. Paul ne pouvait absolument pas travailler dans le wagon. Ce fut un soulagement quand le dernier morceau eut disparu.

Nous n'avons pas encore pu déménager, car il pleut! Hier tout le matin, c'était averse sur averse. Cette nuit de nouveau, la pluie tombait par torrents et aujourd'hui il a fallu se réunir pour les cultes dans la maison d'Eliachib. C'est

Emplacement choisi pour la station de Rikatla.

dommage, car nous avions arrangé d'aller tous ensemble cet après-midi à l'endroit de notre futur établissement et d'y faire un culte de dédicace et de consécration avant d'en prendre possession. Maintenant c'est renvoyé. Hier nous y sommes allés, Paul et moi, pendant une éclaircie. J'ai été frappée de voir comme l'herbe a poussé depuis la dernière fois que j'y avais passé. C'est le printemps qui vient, on s'en aperçoit du reste à la température. Cette année-ci, nous aimerions bien le voir retarder un peu sa venue, cela nous rendrait grand service.

Nous avons marqué sur le terrain la place de notre maisonnette carrée et combiné où nous mettrions les portes, les fenêtres et les meubles. Puis Paul a arraché un buisson qui avait poussé entre la place du lit et la porte, l'impertinent ! Il a coupé aussi les branches des arbres qui descendaient trop, afin de faire du jour.

Maintenant que Yosefa est loin, Paul organise petit à petit les réunions et la marche de l'Eglise ici. La tâche n'est pas toujours facile. Il a commencé vendredi passé le catéchisme des plus avancés et a remis à Timothée le soin du catéchisme des commençants. A ce propos, il a eu avec cet évangéliste une longue conversation, car il désirait le consulter et voir avec lui l'état des affaires. Timothée lui a raconté que, dans les prières du matin et du soir (culte de famille agrandi), ainsi que dans d'autres réunions, les femmes se lèvent et font de longs discours, même celles qui sont encore toutes nouvelles converties et qui ont besoin d'apprendre plutôt que d'enseigner. « Aussi n'est-ce pas étonnant, ajoute-t-il, que les cultes n'en finissent pas et durent des heures. » Tout cela ne plaît pas à nos gens des Spelonken, et pourtant, en général, les noirs aiment beaucoup ces sortes de choses et ne redoutent pas du tout d'entendre parler des femmes en public. S'ils se sentent mal à l'aise ici dans les assemblées, il faut bien qu'il y ait quelque chose d'anormal. Naturellement Paul l'a exhorté en lui disant que même si ces « modes, » comme ils disent, ne leur vont pas tout à fait, il faut laisser les gens libres et ne rien brusquer. Mais toute notre petite bande est remplie de la conviction que les choses ne se passent pas comme elles devraient se passer. Et même l'autre soir, sans que Paul ait le moins du monde provoqué la chose, Zakaria a fait une sortie contre ces modes d'ici en ajoutant : « Ah! Monéri, tu as bien fait de venir ici, sans cela les gens auraient bientôt commencé à dévier du bon chemin! »

CHAPITRE XIV

Première maisonnette.
Visite à Lourenço-Marques.

Déménagement. — Consécration de l'emplacement. — Les premiers matériaux. — Construction de la cuisine. — Course à Lourenço Marques. — L'hospitalité de la maison suisse. — Le dimanche. — Chapelle primitive. — L'auditoire. — On fait connaissance. — Voisinage bruyant. — Sur la colline du télégraphe. — Un peu de musique. — Chez Pakoule. — Retour pénible à Rikatla. — Un hôte inattendu. — Besoin d'un missionnaire pour Lourenço Marques.

Jeudi 25 août. — A l'emplacement de nos futures maisonnettes! Oui, enfin! Nous y sommes! Et nous nous y trouvons fort bien! L'ombre des arbres est très agréable. Ce matin, quand je suis sortie du wagon, l'air était si pur, le ciel si bleu, qu'il faisait délicieux. Cela me rappelait tout à fait une belle matinée d'été chez nous à la campagne. Vivent les arbres et la verdure! Je crois que nous en jouissons d'autant plus que nous nous étions attendus à n'en point trouver du tout!

C'est lundi après-midi que nous avons déménagé. La pluie avait cessé et nous avons profité de ce que le sable, durci par l'humidité, permettait au wagon de cheminer plus facilement. Les enfants de l'école vinrent en grand nombre nous aider à transporter les petits objets qui n'avaient pas trouvé place dans le véhicule. Mozila, Makhani et d'autres ne manquèrent pas d'accourir pour voir comment nous nous installerions. Mozila mendiait du café. Je dus lui représenter que nous n'avions encore ni eau, ni feu! Il ne se tint pas pour battu, et à la nuit il revint rôder autour du wagon pour attraper sa tasse. Une fois le déménagement achevé, on se réunit tous ensemble pour le culte de dédicace. Veuille le Seigneur mettre sa bénédiction sur ce lieu et nous donner d'y faire une œuvre utile pour l'avancement de son règne, comme nous le lui avons demandé tous ensemble!

Mais si l'endroit était définitivement choisi et accordé, il restait toujours que nous n'avions, en fait de matériaux de bâtisse, que trois gerbes de paille. C'était peu! Pourtant nous avions dit et répété à tout le monde que nous étions prêts à acheter tout ce qu'on voudrait nous apporter. Chaque jour, je regardais au loin, comme sœur Anne, et comme elle, ne voyais rien venir. Paul s'était mis à couper des perches dans le voisinage, de même que Timothée et Jonas, qui préparent les matériaux pour leurs petites huttes. Mais le bois à bâtir manque par ici ; il faut, pour avoir de belles perches, aller les chercher très loin. Ce n'est qu'aujourd'hui, jeudi, que les gens ont commencé à venir. Ah ! quel plaisir de voir arriver les premiers paquets de roseaux, si vous saviez ! Paul, qui s'était mis à écrire ce matin, a dû tout laisser de côté pour faire les achats. Des bandes de gens arrivaient de tous les côtés, portant sur la tête des gerbes de longs et beaux roseaux. Cela se vend 6 pence (60 cent.) la gerbe, et encore faut-il bien batailler pour les avoir à ce prix ! Pourtant les roseaux, c'est ce qui manque le moins dans ce pays ! Pour comble de bonheur, deux hommes sont arrivés, vers le soir, avec une grosse botte d'herbe, en disant que demain ils en apporteraient vingt à trente pareilles ! Comme la saison est très avancée et que l'herbe est brûlée à peu près partout, nous aurons probablement un peu de peine à en avoir en suffisance, aussi sommes-nous bien contents d'en voir arriver. Nous sommes tout heureux et reconnaissants de ce qu'enfin nous allons pouvoir commencer à bâtir. Toutefois il nous manque encore des perches. Espérons qu'il en viendra bientôt. C'est étonnant comme quelques gerbes de roseaux et de paille peuvent vous faire voir la vie en rose à certains moments!

Une autre chose qui me soulage, c'est que nous avons engagé un petit garçon, tout gentil, pour remplacer Yingouane comme berger. Celui-ci reste à la maison maintenant et nous aide pour les travaux. Je suis bien aise de l'avoir, car c'est plus facile de commander à un garçon qu'à un homme. Yingouane est très fier de l'avancement, et hier il inaugurait son nouveau service en faisant manœuvrer ma machine à laver avec un air de satisfaction qui m'amusait. Ce garçon s'est étonnamment développé depuis quelques mois. Nous sommes très contents de lui, aussi aujourd'hui lui avons-nous donné un grand morceau d'étoffe rouge pour s'entourer les reins, à la mode des jeunes garçons de l'école qui n'ont pas encore adopté les pantalons. Il était fameusement content!

31 août. — Paul a commencé hier la bâtisse de notre cuisine. Cela n'avance pas fort, parce qu'il est à chaque instant interrompu, tantôt par les vendeurs de matériaux, tantôt par des affaires d'Eglise. Dès qu'elle sera terminée, nous y installerons nos affaires et nous partirons pour la ville avec le wagon, afin d'en ramener les portes, fenêtres, planches et provisions indispensables.

Jeudi 22 septembre. — Que diriez-vous si vous pouviez jeter un coup d'œil sur notre établissement ce soir? Cela vous amuserait, sans doute, de nous voir écrivant dans notre petite bâtisse de perches et de roseaux non plâtrés, remplie autant qu'il est possible de caisses, malles, sacs, paniers qui laissent juste la place au milieu pour notre table et nous. Cela ne ressemble guère encore à une chambre quelque peu en ordre ; il n'y a pas même encore de fenêtre percée, le plancher n'est pas battu : c'est le sable, comme dehors. Malgré cela, nous jouissons de notre petite baraque et nous nous y trouvons comme des princes aux repas et le soir. Paul a trouvé moyen ce matin de me fabriquer un rayon pour mes écuelles, casseroles, etc., et j'en suis tellement ravie que mon mari en est tout amusé. C'est que je trouve si commode d'avoir une petite place pour étaler mes ustensiles de cuisine, au lieu de devoir toujours les entasser dans une caisse ou un panier !

Ce petit bâtiment nous servira de cuisine avec le temps. Malheureusement notre brave Zakaria n'avait voulu écouter les conseils de personne pour terminer le sommet du toit, et il croyait avoir fait une merveille. Paul lui prédisait que cela coulerait, et la preuve ne se fit pas attendre longtemps. A peine avions-nous fini d'installer nos caisses sous toit que la pluie se mettait à tomber avec force et qu'elle inondait notre baraque. Zakaria était tout penaud, et j'espère que cela aura été une petite leçon pour lui. Plus tard, Paul répara la chose en couvrant le sommet du toit avec des feuilles de zinc que nous a données M. Leuzinger. Ce sont des doublures de caisses blindées qui nous rendront bien des services.

Dès que la pluie fit mine de s'arrêter, nous nous mîmes en route pour la ville avec Timothée comme *driver*, car Jonas était au Tembé. Comme le wagon était vide et le sable durci par la pluie, nous pensions voyager lestement, aussi fûmes-nous un peu consternés de voir que nos bœufs avaient de la peine à avancer. Il est évident que l'herbe de ce pays-ci les éprouve et qu'il faudra du temps pour qu'ils s'y habituent tout à fait. La pluie aussi les a affaiblis, et quoiqu'ils soient au repos depuis bien des semaines, ils n'ont encore repris aucune force.

Pourtant nous réussîmes à arriver à une heure environ de la ville, et c'est là que nous passâmes la nuit. Le lendemain, samedi, nous entrions en ville sans savoir encore où et comment nous nous installerions. Afin que mon temps ne fût pas trop pris par les soins du ménage, nous pensions prendre deux de nos repas à l'hôtel et coucher dans le wagon, que nous avions fait arrêter près des vieux remparts, c'est-à-dire aussi près de la ville que possible, derrière les petites ruelles et les cours. A peine avions-nous dételé que nous étions quelque peu effrayés des odeurs affreuses qui sortaient de toutes ces ruelles, où habitent en général les Banyans et les noirs, gens peu propres, et nous nous demandions s'il serait possible de dormir dans cet air empesté ?

Nous laissons Timothée au wagon et nous partons pour la maison suisse. Nous trouvons MM. Leuzinger et Ziegler sur le point de prendre leur second déjeuner. On fait ajouter deux places et M. Leuzinger nous invite cordialement à nous y asseoir. Il nous presse aussi d'accepter l'hospitalité dans sa maison et ne veut pas entendre parler de refus quant aux repas. C'est fait si simplement et si aimablement que nous acceptons avec reconnaissance et, vers le soir, on amène le wagon devant la porte, on transporte notre lit dans la chambre où sont logés nos bagages et dont M. Leuzinger avait fait enlever quelques caisses pour que nous eussions plus de place, et nous voilà installés comme chez nous et bien soulagés, il faut le dire, d'être sous toit. Il fait chaud, on étouffe en ville et je ne sais comment nous aurions dormi en wagon. Déjà dans une chambre haute et bien aérée nous avions peine à respirer, sans compter que les moustiques ne nous laissaient guère de repos, non plus que les gens attardés dans les tavernes du voisinage, qui chantaient, dansaient, criaient, se battaient jusqu'à une heure avancée de la nuit.

Nous nous étions arrangés à passer le dimanche à Lourenço Marques. La hutte carrée qui sert de chapelle est située sur la colline, à une bonne distance de la ville. Aussi avions-nous décidé de passer toute notre journée là-haut avec nos gens. J'avais pris ce qu'il fallait pour un petit repas au milieu du jour : du café, du pain et une boîte de sardines. Tous les chrétiens savaient que nous étions là, car on avait vu arriver notre wagon la veille, et beaucoup étaient déjà venus, tout heureux, nous serrer la main ! Déjà en montant la colline avec Timothée, nous sommes rejoints par une petite troupe de jeunes filles qui se rendaient aussi à la chapelle et qui s'empressent de se charger de nos paquets. Nous passons devant l'église catholi-

que, fermée et déserte, puis devant le grand
bâtiment de l'hôpital, qui a un air désolé et peu
hospitalier avec ses vitres brisées que personne
ne songe à remplacer. Cela ne ressemble pas aux
maisons desservies par les sœurs de Strasbourg
et de Saint-Loup! Et je me demande si quelqu'un
dans cette vaste maison s'occupe avec amour
des pauvres malades et s'intéresse à leur âme!

Devant la chapelle, si l'on peut appeler ainsi
notre modeste lieu de réunion, une foule de
gens nous attendent, occupés, pour la plupart, à
faire des exercices de lecture. Grandes salutations naturellement et expressions de cordiale
bienvenue. « Ah! aujourd'hui nous aurons à manger, entend-on dire de toutes parts, le missionnaire est là! » Nous nous reposons un instant
avant le culte et examinons la place. La hutte
est grande, et une petite cour derrière abrite les
mamans dont les bébés ne veulent pas être tranquilles. Seulement il y a des fentes partout : les
roseaux des murs ne sont pas plâtrés et le toit
laisse passer la lumière tout le long du faîte.
Par le mauvais temps, la pluie doit entrer comme
chez elle! Mais tout est propre; le plancher de
terre durcie est soigneusement balayé. Deux ou
trois poutres posées sur des chevalets font l'office
de bancs. Près de la fenêtre sans vitres est une

vieille table qui eut peut-être un beau temps il
y a quelque cinquante ans. Pour cacher sa dé-
crépitude, on l'a couverte d'un morceau de vieux
sac. Une sonnette minuscule complète l'ameublement. Pour nous, on avait apporté d'une maison
voisine des chaises et, s'il vous plaît, une carafe
d'eau et un verre sur une soucoupe! Cela sent la
civilisation!

Paul fait agiter la petite sonnette et on entre.
Il y a plus-de cent auditeurs. Aussi la maison
est-elle pleine. C'est Paul qui préside le premier
culte. Nous remarquons avec plaisir une vingtaine d'hommes et de jeunes gens ; selon la coutume nègre, ils s'asseyent sur les bancs, tandis
que les femmes s'accroupissent par terre. Vous
trouvez sans doute que vingt hommes, sur une
centaine d'auditeurs, c'est une proportion bien
faible. Et cependant c'est à Lourenço Marques
qu'elle est la plus forte. Dans nos autres troupeaux du Littoral, le sexe fort est encore moins
bien représenté.

Tout en écoutant la prédication de Paul, j'examine furtivement les visages, pour la plupart
très attentifs, de nos paroissiens, afin de faire
connaissance avec eux. Il y a d'excellentes
figures dans le nombre, des expressions qui
font plaisir à voir. Et puis une chose qui me

réjouit, c'est la grande propreté et la simplicité des vêtements. Cela ferait plaisir à nos amis des Spelonken, qui ont tant à lutter avec nos négresses de l'Eglise à cause de leur malpropreté et de leur désordre.

Au milieu des figures noires, on voit ici et là quelques visages plus clairs de métis, surtout des enfants. Il y a une ou deux fillettes ravissantes, aux traits fins, aux cheveux ondulés et bien peignés, qui contrastent d'une manière frappante avec les nègres pur sang. Les hommes, eux aussi, soignent leur mise. Kalakata, d'Antioka (dont je vous ai parlé), abandonne le vieux macferlane qu'il portait auparavant et dont il ne restait plus guère que la pèlerine, et il s'est procuré avec l'argent de son travail une grande redingote noire qui le fait tenir tout raide. On dirait qu'il n'ose pas bouger la tête, de peur de gâter l'effet de son beau costume. Comme il n'a pas encore assez gagné pour se procurer une chemise, il la remplace, à la mode nègre, par un mouchoir quelconque, là où son habit laisserait voir la peau. Un jeune homme, très pimpant, exhale une odeur, je devrais dire un parfum d'eau de Cologne rance. Enfin, chacun a sorti ses plus beaux atours.

Après le culte, Paul cause un peu avec les

gens pour apprendre à les connaître. Nous faisons la connaissance, entre autres, du jeune métis Djiouaoua, celui qui a appris à lire chez le curé et qui, attiré par le boukou, s'est joint à nos chrétiens. Puis on fait cuire dans la cour l'eau pour notre café, et nous prenons notre repas, qui, heureusement, restaure mon mari. Après la prédication, il était passablement épuisé, car nous avions été plusieurs fois interrompus par des païens qui criaient et se battaient devant la maison. Il y a malheureusement tout près une pinte très fréquentée, et les ivrognes ne se font pas faute de venir troubler les cultes. Paul avait cherché plusieurs fois à les éloigner et à les faire taire, mais inutilement.

Après le dîner, j'essaie une leçon de chant : rude labeur! Timothée est chargé du culte de l'après-midi. Cette fois-ci nous remarquons dans l'auditoire quelques Zoulous chrétiens, qui sont tout heureux de trouver à Lourenço Marques une église et des cultes. Un autre jeune Zoulou, qui fait partie d'une congrégation de l'Eglise anglicane, était venu la veille voir Paul au wagon pour lui demander un moment d'entretien. Il est chrétien et souffre beaucoup de son isolement. Malheureusement il ne comprend pas le gouamba et ne parle que zoulou et anglais.

Combien j'aurais voulu que vous pussiez jeter un coup d'œil sur notre assemblée. Je suis sûre que vous auriez été, comme nous, transportés d'enthousiasme et de joie en voyant cette belle œuvre de Dieu au milieu d'une population dépravée! Sans doute, il y a dans notre petite Eglise bien des misères, nous en découvrons à chaque instant de nouvelles. Mais pourtant, on ne peut s'empêcher de constater qu'il y a de puissants besoins religieux dans ce peuple des ba-Thonga et que l'Evangile agit et attire les âmes. Mais plus nous voyons les choses de près et plus nous nous répétons que, pour bien faire, il faudrait que nous fussions installés tout près de la ville, car c'est là, sans contredit, qu'il y a le plus grand nombre de chrétiens.

Après le culte de l'après-midi, Paul m'emmène à travers les nombreux villages nègres, jusqu'au télégraphe qui, comme je vous l'ai dit, est splendidement situé sur la colline et domine toute la baie. Nous traversons le parc qui s'étend au loin et nous allons presque jusqu'au bout de la colline, cherchant toujours un endroit où nous pourrions une fois nous établir. Mais en allant au delà de la station télégraphique, qui occupe un immense coin de pays, nous serions trop loin de la ville et de nos gens, et à la fin de notre

Les cocotiers à Lourenço Marques.

longue promenade, nous sommes convaincus plus que jamais que le meilleur emplacement pour nous serait entre le télégraphe et la ville. « Qui vivra, verra. » Là-haut, l'air est bien meilleur qu'en ville et la vue est splendide. Cette belle baie si bleue, avec les côtes boisées du Tembé vis-à-vis, la ville avec son port, ses cocotiers et ses bâtiments blancs aux toits de tuiles rouges, les vaisseaux à vapeur et à voiles, les nombreuses barques, et par-dessus tout cela, le beau ciel du Midi, il y a là de quoi réjouir les yeux et tenter un peintre !

Nous étions un peu fatigués après notre course. Peut-être était-ce grâce à la frugalité de notre dîner? Aussi ne fûmes-nous pas fâchés d'arriver à la maison suisse et de nous asseoir autour d'une table bien servie. Après le dîner de six heures et demie je me mets au piano, et nous voilà entonnant tous ensemble ces bonnes vieilles mélodies allemandes des temps passés, qui nous enthousiasment tant et si bien qu'entre les quatre, nous faisons un tintamarre à réveiller les plus endormis.

Le lundi, Paul retourna à la chapelle pour le catéchisme et il visita aussi la femme qui en prend soin et qui demeure près de là. Un autre jour, Timothée nous conduisit dans la maison d'une femme, Saboula, qui réunit tous les soirs, pour la prière, les chrétiens habitant la ville basse. C'est une blanchisseuse avenante et proprette, toute grassouillette, dont le mari, Pakoule, est pensionné par le gouvernement portugais, après avoir été longtemps au service de la douane. Il a l'air d'un homme intelligent. Il s'est procuré, je ne sais où, un petit manuel d'histoire sainte illustré, en portugais, qui compose toute sa bibliothèque. Les deux époux avaient l'air d'être très flattés de notre visite. Ils habitent une jolie petite maison en briques couverte en tuiles, que Pakoule a construite lui-même. A notre arrivée, le maître de céans était installé dans la chambre principale, ses lunettes sur le nez, en train de lire ou d'écrire, à une table qui, avec deux ou trois chaises et deux fers à repasser, compose tout l'ameublement. Vous voyez que c'est passablement civilisé. Il s'habille à l'européenne, ou plutôt à l'asiatique, car il était vêtu, comme les Banyans, d'un pantalon de toile blanche sur lequel flottait une chemise idem, et de bas et de pantoufles. Il n'est pas croyant, mais il permet à sa femme de suivre les cultes et de réunir les chrétiens dans une petite chambre de derrière.

Nous étions pressés de revenir à Rikatla,

aussi n'avons-nous pas allongé les affaires en ville. Aussitôt nos emplettes finies, nous avons chargé le wagon, fait nos adieux et nos remerciements à la maison suisse et nous nous sommes remis en route le jeudi après-midi. Je vous ai déjà dit que nos bœufs n'avaient point de force et que nous ne savions trop comment nous arriverions. En sortant de la ville, nous trouvons une bande venant de Rikatla. On nous remet un paquet de lettres de Zébédée et de Yosefa, — car pendant notre absence, Eliachib, Routi et Martha étaient revenus d'Antioka, — et une enveloppe adressée à Paul, en français, d'une écriture connue,... celle de M. Paul Fornallaz[1]. Il nous annonçait son arrivée chez nous! La première chose à faire était de renvoyer chercher en ville un supplément de pain et de viande, car un appétit de jeune homme et de voyageur de plus dans un ménage de deux personnes, cela fait une différence! Le vendredi soir, le voici qui arrive avec ses garçons. Nous étions justement empêtrés dans des champs labourés et nous avions bien de la peine à avancer. Jonas n'avait plus de voix, à force d'exciter les bœufs. Pour la seconde fois, il nous fallut débarrasser notre lit

[1] M. Fornallaz avait été au service de la Mission romande comme artisan, de 1884 à 1886.

de tout ce qui l'encombrait, afin de pouvoir nous y reposer. Baignoires, terrines, chapeaux, vêtements, plantes, cuvettes, chaises, tamis, viande, pain, je ne sais ce qu'il n'y avait pas sur le lit! Quand je pense qu'il y a des personnes chez nous qui poussent la minutie jusqu'à ne pas permettre qu'on pose un chapeau et un châle sur un lit pour ne pas déranger la couverture! Il faudrait les envoyer par ici, dans un wagon africain bien plein, pour apprendre la vie!

Le lendemain, pluie. On avance quand même, tant bien que mal, et toujours en criant comme des forcenés. Mais bientôt, arrêt complet : nous étions de nouveau *stickés* au milieu d'un champ. Plus on essayait de faire bouger le wagon et plus il enfonçait dans le sable. Nous n'en sortîmes qu'après plusieurs heures de travail et de manœuvres de toute espèce.

Restait la dernière difficulté : la montée de Rikatla. Nous n'essayâmes même pas de grimper avec le wagon plein. On détela dans le marais, on déchargea entièrement et, pendant que nous prenions un petit repas, pour remplacer le dîner qu'on n'avait pas eu le temps de cuire, une troupe de gamins et les gens du village d'Eliachib transportèrent à notre emplacement planches, portes, fenêtres, sacs, etc. Même avec le wagon vide, notre pauvre attelage eut mille peines à arriver en haut ! Enfin, à quatre heures nous étions chez nous ; un samedi soir, ce n'était pas bien commode ! Il me fallut en toute hâte couper ma provision de viande et la mettre sur le feu, car elle ne se serait pas conservée une nuit de plus. Nous étions dans un fameux désordre pour passer un dimanche et encore avec un hôte ! Et puis Paul était si enroué qu'il eut quelque peine à faire sa prédication du dimanche matin.

Paul a organisé des services en ville. Timothée et Jonas vont à tour de rôle à Lourenço Marques toutes les semaines. Ils y arrivent le samedi soir, font les cultes le dimanche et un catéchisme pour les convertis le lundi. Ils se mettent au fait de toutes les histoires des gens pour les rapporter à Paul et reviennent ici le mardi. Mais cela n'est pas suffisant, il faudrait pouvoir suivre de près tout ce monde et avoir une école pour la jeunesse. Aussi étudions-nous les voies et moyens de fonder une station définitive dans les proches environs de la ville. Nous ferions alors de Rikatla une annexe. Paul en a un si grand désir, qu'il me disait l'autre jour :

— Il me tarde de déménager à Lourenço Marques.

Et nous n'avons pas encore d'établissement ici! Mais après avoir vu cette église de la ville, j'ai très bien compris son impression, et je la partage, quoique cette ville me fasse peur et que je trouve notre Rikatla un petit paradis à côté! Au reste, nous ne savons pas encore si la chose sera possible, car on bâtit beaucoup sur la colline de la ville maintenant, et le terrain s'y vend à des prix exorbitants, tandis que, il y a quelques années, il n'avait aucune valeur. D'ici à deux ans, nous pourrons voir ce qui en est, et comme toujours, nous sommes heureux de pouvoir remettre cette question importante à notre Père céleste. Ce n'est pas que nous regrettions d'être établis à Rikatla pour le moment, car il nous a paru que c'était la volonté de Dieu et nous voyons de plus en plus que la présence d'un missionnaire ici était bien nécessaire. C'est à Rikatla que se traitent toutes les affaires d'Eglise. C'est ici qu'est la source où chacun revient de temps à autre, et il est bien essentiel que notre brave Eliachib et nos chrétiens apprennent ce que c'est qu'une Eglise organisée et soient enseignés sur une quantité de points. Petit à petit, ils arrivent à sentir ce qui leur manque. Eliachib surtout a comme des écailles qui lui tombent des yeux. Paul n'a rien forcé, il

a laissé venir tout doucement les choses, ne
cherchant à réformer ce qui devait l'être que
lorsque les occasions se présentaient d'elles-
mêmes. Grâce à Dieu, les chrétiens sont disposés à se laisser diriger et enseigner. Un moment,
nous avons craint que cela n'allât pas facilement,
mais, encore une fois, *grâce à Dieu*, et nous ne
pouvons assez le répéter avec reconnaissance, le
danger est passé, et nous nous sentons de nouveau un cœur et une âme dans l'humilité et la
charité.

CHAPITRE XV

Travaux d'installation et emménagement.

Constructions. — Le berger fait grève. — Difficultés de la cuisine en plein vent. — Un petit bouc venu à point. — Visites intéressées. — Voisins prévenants. — Une naissance au village chrétien. — Elaboration du registre. — Troupeaux sans bergers. — Deux fillettes comme domestiques. — Comment on fait sa provision d'eau. — Constructions en bonne voie.

Paul Fornallaz, qui venait nous offrir ses services pour bâtir nos huttes, se mit tout de suite à l'œuvre avec les hommes. Pendant que mon mari montait le moulin pour avoir de la nourriture pour tout ce monde, Fornallaz établissait l'étau et arrangeait un banc de menuisier. C'était une vraie ruche, chacun était en mouvement. Puis on commença la bâtisse principale, à savoir la petite maison qui nous servira de chambre à coucher, salon et cabinet de travail tout à la fois. C'est une bonne pièce en carré long, avec deux portes et trois petites fenêtres; nous y faisons beaucoup d'ouvertures, afin de pouvoir aérer suffisamment. Il y a une petite véranda tout autour pour protéger les murs contre le soleil et la pluie. Du côté du soleil, nous fermons cette véranda avec des roseaux pour avoir plus de fraîcheur. Cela fera en même temps un petit abri pour nos caisses, sacs, etc., qui ne trouveront pas place dans les maisons. Dans ce moment, Fornallaz est occupé à faire les cadres des portes et des fenêtres pendant que les hommes commencent la toiture. La charpente est finie. Paul a choisi pour cela les meilleures et les plus longues perches qu'on nous ait apportées, et ainsi la pièce se trouve plus haute que nous n'aurions osé l'espérer. L'ennui, ce sera de plâtrer, car on doit pour cela aller chercher la terre dans le marais, puisqu'il n'y a que du sable ici. Nous ne pouvons plâtrer qu'en dedans. Cela ne fera pas des murs bien épais, mais cela prendra moins de temps aussi. Quand cette maison sera finie, Paul en bâtira encore une autre, mais moins soigneusement, qui sera partagée en deux pour faire chambre à manger et dépense, mais cela viendra plus tard.

Pour le moment, nous dormons encore dans le wagon, mais nous nous y trouvons beaucoup mieux, car nous avons pu le vider passablement et nous faire de la place. Au moins, maintenant, nous pouvons nous tenir les deux debout en même temps pour faire notre toilette, ce que nous trouvons très commode. Nous prenons nos repas dans la hutte et nous y passons la soirée; à part les mouches, qui nous chicanent d'une façon terrible, nous en jouissons bien. Le temps continue à être chaud, les matins sont souvent pénibles, mais dans l'après-midi arrive généralement la brise de mer, qui nous fait du bien. Nous trouvons une bonne différence entre Lourenço Marques et Rikatla pour la chaleur. Ici, l'air est moins étouffé, surtout la nuit. Et puis, il y a bien moins de moustiques. En ville, ces vilaines bêtes nous tourmentaient bien.

Paul a beaucoup à faire avec les chrétiens de l'Eglise, ces temps. Nous avons aussi de la peine à avoir des ouvriers et des domestiques. Nous avons fait deux essais malheureux. Notre petit berger nous a fait faux bond après son premier mois, sous prétexte qu'on ne le payait pas assez, ou plutôt c'est son père qui fait le mauvais et ne veut pas s'en tenir aux arrangements pris à l'avance. Le petit est tout gentil et n'aurait pas demandé mieux que de rester. Yingouane est donc obligé de garder de nouveau le bétail, ce qui l'ennuie, et nous aussi. Fornallaz avait avec lui un jeune mo-Venda qui désire apprendre, mais qui craint d'aller à la station de M. Beuster à cause de ses parents païens. Il nous a demandé de pouvoir rester avec nous pour suivre l'école. Nous l'avons donc pris à notre service, et, entre les heures d'école, nous l'occupons à la maison. Je lui ai appris à laver les casseroles et les marmites; c'est un fameux débarras pour moi, d'autant plus que j'ai passablement à cuisiner, puisque nous sommes trois. Nous avions commandé un fourneau à Natal et nous espérions qu'il arriverait pendant notre séjour en ville, mais il n'est pas encore là. Je me réjouis surtout de l'avoir pour le pain, car je ne puis en faire, faute de bois, et c'est bien ennuyeux. Avec un fourneau, je puis cuire le pain tout en faisant le dîner, sans brûler plus de bois pour cela. Et puis la fumée!... Ces temps-ci, je n'ai presque plus de bois à brûler, et le peu que j'ai est encore vert; aussi est-ce une misère! Il faudrait pouvoir en envoyer chercher avec le wagon, mais je ne sais quand cela pourra se faire.

La viande achetée en ville a bien vite pris fin; nous avons alors acheté dans le voisinage une petite chèvre pour 10 shillings, ce qui nous a à peine duré une semaine; aussi demain, il faudra tuer un *bocan* (comme on dit en vaudois) que nous a donné Mapounga. Quand Paul y est allé, il y a plusieurs semaines, le chef lui a dit qu'il lui enverrait un mouton. On ne l'avait jamais vu venir et nous n'y pensions plus quand, avant-hier, arrivent les quatre conseillers de Mapounga, tout exprès pour nous faire visite. Ils amenaient le dit petit bouc, en disant que le mouton promis était mort de la gale! Je m'empressai de faire une bouilloire de café pour les grands conseillers, mais la boisson ne leur allait pas et ils déclarèrent qu'ils aimeraient mieux avoir un shilling. Paul leur en envoya deux, qui donnèrent si bon goût au café qu'ils s'empressèrent de le boire en disant qu'il n'y avait rien de tel pour réchauffer et faire du bien! Naturellement ces individus, sous prétexte de faire visite, venaient tout simplement mendier; ils voulaient deux livres sterling! Paul chercha à raisonner avec eux, leur représenta que nous n'étions pas des commerçants qui gagnent de l'argent, que nous ne pouvions pas faire à chaque instant des cadeaux,... cela ne servit à rien. Et il fut obligé, en fin de compte, pour se débarrasser d'eux, de leur donner une pièce d'étoffe et 10 shillings. Telle est la vie, quand on dépend de ces chefs noirs sans vergogne et de leurs ministres! Et les chefs donnent le ton à toute la nation; dans ce moment même, pendant que je vous écris, il y a un homme qui fait une vraie *scie* à Paul pour obtenir de lui je ne sais quoi !

Par contre, Makhani, le premier ministre de Mozila, vient de nous apporter deux jolis ananas bien mûrs en cadeau ; voilà du nouveau ! Mozila est redevenu gentil et modeste comme au commencement ; mais il a eu un mauvais moment pendant lequel il nous a bien ennuyés. Le malheureux était en train de boire et passait sans cesse devant chez nous en allant à la pinte voisine. Il avait alors perdu toute retenue et venait, d'un ton de commandement, m'ordonner de lui donner à manger et à boire. A la fin, je me suis mise sur le pied de ne pas faire attention à lui quand il me parlait ainsi et de ne rien lui donner du tout.

Il y a une femme du voisinage qui vient souvent nous vendre des patates et qui m'a prise en affection, je ne sais pourquoi. Elle m'apporte de temps en temps du manioc ou quelques patates en cadeau. Je crois que c'est pour le plaisir de m'entendre dire merci. Cela l'amuse tellement quand je la remercie que je le fais plusieurs fois de suite pour la réjouir. Hier, elle revint et me dit modestement qu'elle avait bien faim. J'avais là des os de chèvre cuits et recuits pour faire du bouillon et je lui en donnai une assiette ; il aurait fallu voir son plaisir !

Nous avons un nouveau petit habitant au village depuis samedi, une fillette qui doit la vie à Paul ; aussi nous intéressons-nous spécialement à elle. Aujourd'hui nous avons donné à la maman pour porter son bébé sur son dos la peau de la chèvre que nous avons tuée. Cette maman se nomme *Timhissi*, c'est une jeune femme, jolie pour une négresse, dont le mari a une espèce de curieuse folie. Il me paraît déjà mieux qu'à notre arrivée et fuit moins les humains qu'il ne le faisait alors. Il a l'habitude de porter toujours les mains à sa tête, comme s'il craignait de la voir rouler à terre. La pauvre Timhissi a déjà eu un enfant mort-né. Aussi eut-on recours aux bons offices et à la science de mon docte mari qui, en manière de préparation au dimanche, dut passer sa soirée de samedi à assister dame Timhissi et à faire respirer le nouveau-né, qui ne donnait pas signe de vie. Paul eut passablement de peine à le faire vivre, mais maintenant il va parfaitement bien et fait la joie de tout le village ; c'est un assez joli bébé, très clair de teint. C'est à moi qu'est incombé l'honneur de lui trouver un nom, et je l'ai appelée Fanny.

Dans ce moment, mon mari est en train de mettre en ordre le registre paroissial. Il y a environ 128 adultes inscrits et une quantité d'enfants. De ces 128 adultes, 22 seulement sont des hommes et 106 des femmes. Tous ces chrétiens sont tellement disséminés que beaucoup ne peuvent pas venir au culte régulièrement à cause de leur éloignement. Ainsi, à moitié chemin entre Rikatla et Lourenço Marques, mais pas sur la route directe, il y a le village de Nouamohluène, dont je vous ai déjà parlé (p. 155), qui compte environ 25 chrétiens, et pas un qui sache lire! Ces pauvres gens viennent ici à tour de rôle pour passer le dimanche. Mais ceux qui restent à la maison se trouvent tout malheureux! Ils se réunissent pour répéter les enseignements qu'ils ont entendus et se réciter les uns aux autres les portions de l'Ecriture qu'ils savent par cœur. Un dimanche, Zakaria et Lina y sont allés avec quelques jeunes gens et jeunes filles. Grande fut la joie au village de voir arriver des privilégiés sachant un peu lire! On les accueillit avec un enthousiasme tel que Zakaria en était tout rehaussé à ses propres yeux! Il faut dire qu'en temps ordinaire, il n'est pas considéré comme un aigle en fait de savoir! Dans un autre petit village, plus près de Lourenço Marques, il y a aussi plusieurs chrétiens, entre autres le vieux Nouamoyane et ses femmes. C'est lui qui porte le dimanche une belle redingote noire, avec une chemise qui la dépasse quelque peu, et point de pantalon ! Ce brave vieux a envoyé à l'école sa fille Mahazoule, pour qu'elle apprenne à lire. La fillette sait déjà joliment et, l'autre jour, Nouamoyane est venu demander qu'on lui prête sa fille pour quelque temps, afin qu'elle leur aide à labourer et leur lise le boukou pendant les temps de repos. Vous auriez dû voir sa joie quand Paul lui dit qu'il pouvait emmener Mahazoule. N'est-ce pas touchant ?

Paul espère petit à petit organiser des cultes réguliers, au moins chez Nouamohluène. Les autres peuvent aller assez facilement en ville, où Timothée et Jonas se rendent régulièrement toutes les semaines. Vous voyez qu'il y a de l'ouvrage pressant, car ce n'est pas seulement l'évangélisation dont il faut s'occuper, il faut avant tout nourrir les âmes converties.

Nos trois évangélistes avancent à leurs bâtisses. Matsivi et Timothée ont presque fini les leurs. Jonas, par contre, est en retard, car le brave homme est toujours prêt à entendre toutes les histoires des gens et à les exhorter de son mieux. Presque toutes les fois qu'on va au village, on le trouve, sa Bible sessouto sur les genoux, entouré d'un groupe de femmes assises par terre, l'air recueilli, écoutant les exhortations que leur adresse notre évangéliste. Le sujet est parfois assez profond. L'autre jour, je suis arrivée au beau milieu d'un discours sur les anges déchus! C'est aussi à Jonas qu'on s'adresse volontiers pour lui raconter les histoires qui devront être entendues et jugées par le missionnaire. Il fait le pont entre Paul et ses ouailles.

Samedi passé, une femme de Lourenço Marques, qui est en train de se convertir, est arrivée ici pour achever sa conversion. C'est assez volontiers la mode dans ce pays. Elle amenait avec elle une sœur et deux fillettes qu'elle désirait mettre à l'école. Cette femme, *Noualanga*, a été plusieurs fois prise ou louée par des Portugais, suivant leur abominable coutume, pour le temps de leur séjour à Lourenço Marques. Elle a donc l'habitude des blancs, ainsi que les gens de sa maison, et elle désirait beaucoup laisser ses fillettes chez nous plutôt que chez Eliachib, parce que, dit-elle, elles n'ont pas l'habitude d'être chez les noirs et que ce serait, en outre, un grand avantage pour elles d'apprendre le soin d'un ménage de blancs. Seulement Noualanga n'osait pas parler de son envie, craignant que la chose ne pût pas se faire. Si elle avait su combien sa proposition répondait à mes désirs, elle n'aurait pas été si timide! En effet, quoique en général je préfère les garçons aux filles, je désirais beaucoup prendre maintenant des filles pour chercher à développer un peu notre jeunesse féminine de l'Eglise, comme cela se fait avec succès dans d'autres missions. J'avais parlé de cela à Yosefa et à Loïs, mais tous les deux avaient accueilli mon idée avec tant de froideur et de raideur, que j'étais rentrée dans le silence en demandant seulement à Dieu de pourvoir à la chose. Aussi, quand Noualanga arriva avec sa proposition, encouragée sans doute par Jonas qui l'amenait, il nous parut que c'était une réponse à mes prières. Et nous en fûmes tout heureux et reconnaissants!

Donc, il fut arrangé que *Makanyana* et *Mathendheleka* feraient leur entrée chez nous lundi matin, qu'elles iraient tour à tour à l'école, chacune une semaine, l'autre restant avec moi pour m'aider. Ce ne sont pas les propres filles de Noualanga. Mathendheleka, la plus petite, est sa nièce. Makanyana est une fille tchopi achetée par Noualanga quand elle était encore un bébé porté sur le dos de sa mère. Il y a beaucoup d'esclaves tchopi dans le pays. Ce sont des gens d'une tribu au nord du Limpopo, chez lesquels les ba-Thonga vont faire des incursions pour s'emparer des enfants et jeunes gens et les réduire en esclavage. Noualanga élève Makanyana comme sa propre fille et ne fait aucune différence entre elle et sa nièce Mathendheleka. Elle l'avait achetée par spéculation, afin de la revendre à un bon prix lorsqu'elle serait en âge d'être mariée. Comme elle devient chrétienne, elle ne pourra pas revendre sa petite esclave, mais j'espère que celle-ci sera une bonne fille pour elle et lui fera plaisir. Ces deux petites se sont mises avec grand courage à la besogne. Sans doute, ce sont des balais neufs, mais pourtant on voit qu'elles ont l'habitude du travail, et j'ai moins de peine avec elles que je ne le craignais. Elles sont toutes les deux très vives et intelligentes et ont les mouvements et la repartie aussi prompts que de petites Parisiennes.

Il faut naturellement que je surveille beaucoup, parce qu'elles ont l'habitude de laver comme les marmitons de la ville, c'est-à-dire d'une manière aussi saligaude que possible. Pendant notre séjour en ville, j'avais soin de ne pas trop regarder derrière les coulisses, et je ne puis pas comprendre comment ces gens peuvent faire briller des assiettes qu'on lave à l'eau froide et sale et qu'on essuie avec des linges, des chiffons, devrais-je dire, qui ne passent pas souvent à la lessive! Et puis, les pauvres enfants ne sont pas très véridiques, je le crains; sans doute, personne ne leur a appris que le mensonge est une mauvaise chose! Aussi, j'évite de faire trop de questions et cherche à voir par moi-même comment elles s'en tirent. Elles ont beaucoup de coup d'œil, ces *miochettes*, et nous sommes si peu habitués à cela avec nos petits domestiques païens des Spelonken, qui sortent tout crus de la barbarie, que cela m'est un constant sujet d'étonnement que de constater comme elles savent vite où l'on pose telle ou telle chose et comment je m'y prends dans mes ouvrages. Hier, par exemple, comme je finissais d'arranger notre lampe à pétrole et la lanterne, Mathendheleka s'empresse de verser de l'eau dans une cuvette pour que je puisse me laver les mains! Je m'y attendais si peu que je n'ai pas compris d'abord son intention.

Je pensais ne les mettre aux relavages que petit à petit, mais elles m'ont pris les choses des mains, positivement, et le second jour elles s'en tiraient toutes seules. Vous n'avez pas d'idée combien je jouis de n'avoir plus ces lavages d'ustensiles et de marmites après chaque repas.

Trois fois par jour, au moins, je m'en félicite,
et je suis tout heureuse de me mettre à faire de
la besogne plus agréable, tout en écoutant mes
fillettes jaser et chanter en s'occupant de leur
ouvrage. Cela nous égaie d'avoir cette jeunesse
par là!

Une chose qui me donnait un peu de souci,
c'est que Noualanga avait chargé Jonas de me
dire que les enfants n'étaient pas accoutumées
à la nourriture des noirs. Je lui fis répondre
par le même canal que, quand je le pourrais, je
leur donnerais de notre nourriture, mais que je
ne pouvais pas leur donner cela uniquement,
puisque nous n'avons pas la facilité qu'ont les
blancs de la ville de nous procurer viande et
pain tous les jours. Au reste, pour cela aussi,
cela va mieux que je ne le pensais. Je leur donne
matin et soir du café et du thé, quand nous
avons fini, et un peu de soupe et de viande bouillie, quand il y en a. A côté de cela, je leur fais
cuire du riz ou des patates et elles ont l'air
toutes contentes, sauf qu'elles font de temps à
autre de petites remarques d'enfants gâtées.
Ainsi, l'autre jour, elles me déclarèrent qu'elles
n'aimaient pas la farine de maïs. Ce qui n'empêche qu'elles vont toujours recommander aux
garçons de leur mettre de côté un peu de la

Zakaria.   Yingwane.   Makanyana et Mathendheleka.
Première installation à Rikatla.

nourriture qu'ils préparent pour eux-mêmes ! Ces messieurs sont très galants et il y a à chaque instant échange de plats entre les deux camps ! Je ne dis rien pour le moment, mais il faudra que cela cesse avec le temps et que mes petites fassent ménage séparé. C'est le grand ennui, quand on a filles et garçons, que d'avoir sans cesse à surveiller. Cependant, nous ne pouvons nous passer de garçons complètement, il en faut pour le bois et l'eau.

Nous avons maintenant un système fameusement commode pour l'eau, c'est l'omnibus, comme dit Fornallaz, c'est-à-dire le fameux cart que nous avons amené des Spelonken. Tous les matins, le dit cart, traîné par deux bœufs, porte au lac quatre ou six dames-jeannes que nous nous sommes procurées en ville et les ramène pleines. C'est un grand souci de moins que d'avoir la provision d'eau faite ainsi pour toute la journée. Si c'était nécessaire, les jours de lessive, on pourrait faire faire à l'omnibus une course supplémentaire. Ces dames-jeannes, qui pullulent dans ce pays où on en vide tant, s'appellent des *garafão*. Elles arrivent de Brême et de Hambourg, par vaisseaux entiers, pleines, hélas ! d'eau-de-vie !

Nous sommes bien reconnaissants d'avoir eu

Fornallaz. Sans lui, je ne sais quand nos maisons auraient été bâties. Paul est constamment pris toute une matinée, ou une longue après-midi, ou un jour presque entier par les nombreuses affaires de paroisse, affaires pour la plupart trop importantes et pressantes pour qu'on puisse les renvoyer à plus tard. Maintenant, nous sommes bien avancés. Notre bâtisse principale est finie,... sauf le toit et les murs à plâtrer,... et le reste ! Fornallaz a fait tous les cadres des portes et des fenêtres pour les deux petites maisons. Dans ce moment, il est occupé à monter la seconde bâtisse, plus petite, qui servira de chambre à manger.

CHAPITRE XVI

La vie au jour le jour à Rikatla.

Culte dans la maison en construction. — On veut « voir Dieu. » — Massinguita (miracles) partout. — La plaie des mouches et la chaleur. — Premières leçons de couture. — Matériel bien insuffisant. — Un ouvrier « qui oublie. » — Le plâtrage fait par les femmes. — Poussière partout. — Matériaux de construction d'un nouveau genre. — Un « rafraîchisseur » rustique. — Education difficile. — Une femme riche parmi les noirs. — Un enterrement. — Absence de respect pour le corps. — Une prédication d'Eliachib. — Un missionnaire toujours plus nécessaire à Lourenço Marques.

16 octobre 1887. — Nous jouissons aujourd'hui d'une température relativement fraîche, après plusieurs jours très pénibles ; hier soir, il a commencé à pleuvoir, et de temps à autre une petite averse vient nous faire du bien. Comme notre maison est sous toit depuis hier, on s'y est réuni pour le culte de ce matin ; il y avait toute une bande de chez Nouamohluéne ; aussi la chambre était-elle pleine, et il y avait encore plusieurs personnes sous la véranda ; c'était en tous cas plus agréable d'être là, avec des portes et des

fenêtres pour donner de l'air, que dans l'étouf-
foir des Eliachib, dont la seule ouverture est
une petite porte si basse que moi, qui oublie
toujours de me baisser, de ramper assez, je me
donne parfois des coups terribles ; l'autre jour,
en sortant du culte, je me suis presque fêlé le
crâne !

Dans ce moment, Timothée fait l'école du dimanche, car Matsivi est allé évangéliser dans
les villages avec Zakaria et d'autres ; puis je
donnerai ma leçon de chant, et nous aurons le
culte de l'après-midi. Le pauvre Timothée n'est
pas encore bien fort sur le chant ; il a voulu enseigner un alto dont il n'a pu se tirer ; il est
arrivé ici, dans notre baraque, avec son livre et
sa baguette, pour me demander aide et secours.
Vous voyez qu'on est en famille.

Paul a prêché ce matin sur la demande de
Moïse de voir la face de Dieu, demande qui ne
fut pas exaucée. Vous ne vous imagineriez pas
ce qui l'a poussé à prendre ce texte ! Comme je
vous l'ai déjà dit, nous avions remarqué que tous
les nouveaux convertis, au moment de se déclarer chrétiens, pleuraient et criaient beaucoup
dans les assemblées et même prenaient des crises de nerfs ; nous avions vu là une tendance,
une mode, mais l'autre jour nous avons appris

que c'est un principe dans l'Eglise du Littoral.
Voici comment la chose s'est découverte. Dimanche passé, Paul avait envoyé Zakaria avec
une petite bande chez Nouamohluène pour y
faire les cultes ; le lendemain, Zakaria vient
rendre compte de sa mission. Naturellement,
pour qu'un récit nègre ait toute sa valeur, il
faut qu'il soit très circonstancié : on raconte
qu'on s'est mis en route quand le soleil était *là*
(on montre l'horizon du côté de l'est), qu'on a
marché, marché, marché, qu'on est arrivé quand
le soleil était *là* (on montre le point où le soleil
arrive vers dix heures du matin), qu'on a trouvé
telles ou telles personnes, que celui-ci a dit ceci,
celui-là cela, etc. Bref, il faut toujours s'armer d'un ouvrage ou d'une bonne dose de patience pour écouter tranquillement et calmement.

Donc, après bien des circonlocutions, Zakaria
nous dit qu'au culte du matin tout le monde
pleurait, surtout une femme, qui s'en donnait
tant qu'elle finit par prendre des convulsions ;
on s'approche d'elle, on cherche à la calmer ; Zakaria et Lina l'interrogent et finissent par comprendre la cause de son désespoir. La pauvre
créature leur raconte que, depuis longtemps, elle
est tourmentée par le sentiment de ses péchés
et qu'elle demande d'être admise au nombre des

chrétiens, mais qu'on lui dit qu'elle ne pourra être reçue dans l'Eglise que quand elle aura vu Dieu ; pour cela, on lui recommande de pleurer et de crier tant qu'elle peut à tous les cultes, ou bien toute seule dans les champs, jusqu'à ce qu'elle voie des *massinguita* (prodiges) ; la pauvre femme a suivi ces recommandations jusqu'à ce qu'elle en ait pris des crises nerveuses, mais sans succès, et elle en est toute désespérée. Zakaria et Lina se hâtèrent de la rassurer en lui disant que tout ce qui était nécessaire pour elle, c'était de croire en son Sauveur, sans s'inquiéter d'autre chose. La doctrine parut nouvelle et très engageante, tant à cette femme travaillée dans sa conscience qu'au brave Nouamohluéne qui, lui aussi, se donne toute la peine du monde pour voir des massinguita, sans y réussir ; cela venait, pense-t-on, de ce qu'il est trop vieux et ne parvient plus à faire sortir des larmes ! Avez-vous jamais entendu pareilles choses ? Nous en étions renversés ! Voyant notre ébahissement, Zakaria nous dit :

— Mais, c'est dans toute l'Eglise comme cela, nous avons entendu déjà bien souvent qu'on forçait les gens à rechercher les massinguita de cette façon !

Paul interroge Timothée, qui lui confirme

pleinement la chose. La preuve était du reste à portée, puisque, à ce moment-ci, trois femmes qui venaient d'arriver à Rikatla en étaient au point où se trouvait la pauvre femme de chez Nouamohluène, s'efforçant de mettre le sceau à leur conversion en « voyant Dieu de leurs yeux, » comme ils disent! Ce même dimanche, ici, au culte du matin, une de ces trois femmes, se mit à hurler de toute sa force pendant le premier chant; c'étaient des cris de bête fauve, qui n'avaient rien de naturel; on sentait que c'était parfaitement forcé. Après le chant, chacun se rassied, sauf la dite, qui continue. Paul attend un moment,... pas de changement. Il dit doucement: « Calme-toi un peu! » A la fin, la pauvre créature, voyant que le silence se fait toujours plus, s'apaise et s'assied comme les autres.

Si Paul n'avait pas été là pour arrêter la scène, on se serait empressé autour de cette femme, d'autres se seraient mises à crier aussi et cela aurait donné une scène comme celle que nous décrivait Timothée, l'autre jour, en revenant de Lourenço Marques : deux personnes étaient en train de se convertir à une réunion du soir, aussi chacun pleurait, criait, gémissait, si bien qu'on ne faisait plus rien d'autre. Tout le monde était agenouillé (à la façon nègre, la tête sur le

plancher); de temps à autre quelques-uns se re-
levaient, puis retombaient par terre,... bref, le
pauvre Timothée ne savait quelle mine faire au
milieu de tout ce vacarme. Vous pouvez penser
si ces pauvres gens nous font pitié! Paul dépêcha immédiatement Timothée auprès des trois
femmes en séjour ici, et deux d'entre elles, con-
vaincues, firent la confession de leurs péchés et
furent admises dans l'Eglise; la troisième n'est
pas encore tout à fait décidée. Représentez-
vous à quelles erreurs peuvent mener des doc-
trines pareilles! D'abord, les gens peu scrupuleux ne se gêneront pas de supposer des révélations et de prendre un rêve quelconque, en
brodant dessus, pour une vision, tandis que les
sincères risquent de tomber dans le désespoir,
ne réussissant pas à faire apparaître Dieu par
leurs cris et leurs larmes. Involontairement je
pense aux prêtres de Baal criant et se faisant
des incisions pour réveiller leurs dieux.

Yosefa, avec son grand amour pour les massinguita, n'est pas étranger à cette doctrine des
révélations, nos évangélistes nous l'assurent, et
nous n'avons pas de peine à le croire; il a beaucoup d'imagination, le brave homme, et malheureusement il n'a pas eu assez d'instruction pour
être suffisamment équilibré. Nous pensions qu'il

tolérait les scènes du genre ci-dessus décrit, mais nous sommes forcés de voir maintenant qu'il les provoquait ou en tous cas les encourageait, les prenant pour des manifestations du Saint-Esprit. A quoi serait arrivée cette pauvre chère Eglise si elle avait été laissée à elle-même? Une visite de missionnaire tous les ans n'aurait certainement pas suffi pour la diriger; cette visite n'aurait pu être que d'un mois, au plus six semaines, et remarquez que ce n'est qu'au bout de trois mois et plus de séjour continuel au milieu des gens que Paul a découvert la principale des erreurs qui se sont petit à petit glissées dans les troupeaux! Comme vous le pensez, toutes ces choses nous préoccupent beaucoup; c'est si difficile de redresser ces erreurs-là sans refroidir le zèle et la piété! Aujourd'hui, dans sa prédication, Paul s'est efforcé de les convaincre que « personne ne vit jamais Dieu, » et que le seul moyen de devenir chrétien, c'est de passer par la nouvelle naissance.

C'est bien dommage que Yosefa ne vive pas plus près d'un missionnaire pour qu'il se développe davantage, il y a tant d'étoffe en lui! Mais décidément les meilleurs d'entre nos noirs manquent d'un je ne sais quoi qui parfois nous étonne.

Il y a un an, nous étions en route pour Shilouvâne ; vous vous souvenez, sans doute, de ce célèbre voyage, pendant lequel nous arrivait la nouvelle que le Conseil acceptait les offres de service de Paul et nous envoyait à la côte. Quel bonheur d'avoir cette année derrière nous ! je ne voudrais pas la refaire ! Chose curieuse, nous avons un peu le même temps maintenant qu'alors : vent sec et brûlant, chaleur pénible, et pas de maison pour nous abriter ; notre baraque n'est guère fraîche, et surtout la nourriture y attire de tels essaims de mouches qu'il tombe quelquefois deux ou trois de ces sottes bêtes dans une cuillerée de soupe pendant le trajet de l'assiette à la bouche ! Hier, le thermomètre était à 39° C., notre eau de Seltz était tiède, impossible de se rafraîchir avec quoi que ce soit. Aussi sommes-nous heureux d'avoir eu quelques averses, cela nous fait du bien, on se sent tout autre. Seulement, il en faudrait encore, car les champs en ont bien besoin ; mes pauvres pommes de terre, qui venaient assez bien, sèchent sur pied. Je constatai avant-hier que beaucoup avaient les feuilles grillées, comme si le feu avait passé par là. Ce n'est pas étonnant, car ce sable se chauffe tellement qu'il vous brûle les pieds.

17 octobre. — J'ai commencé aujourd'hui mes

leçons de couture; j'avais une corbeille pleine de robes, tabliers, etc., à couper, et il fallait décidément se mettre à la besogne. Impossible d'avoir tout le monde; je me suis contentée d'appeler celles des femmes et des jeunes filles qui avaient des vêtements à coudre, et j'ai passé un long après-midi à les enseigner. Quoiqu'il n'y en eût qu'une dizaine, je ne suffisais pas à la besogne, et à peine avais-je mis en train un ouvrage qu'il en arrivait deux ou trois à préparer. Je ne sais comment je ferai pour enseigner toute cette armée féminine; il faudrait avoir au moins trois écoles par semaine, sans compter les leçons de chant et d'anglais à Matsivi, que je vais commencer demain, et les leçons de chant à l'école, qu'il faudrait absolument entreprendre aussi. Hélas! que ne suis-je double ou triple! Je sens péniblement mon insuffisance et je suis obligée d'aller un peu doucement pour commencer; d'abord, j'ai tant de raccommodages que je n'aime pas entreprendre un tas de nouveautés pour négliger ma propre besogne, et puis, je crois que je vieillis!... le climat africain m'a déjà affaibli la tête et la mémoire; ne riez pas, c'est un fait qui n'est point risible. Les leçons de couture me fatiguent la tête, je ne puis le mettre en doute; il faut mener tant d'ouvrages de front, couper, faufiler, préparer tant de choses diverses que je me sens au-dessous ! Et puis, ces pauvres femmes sont encore si peu éduquées qu'elles me cassent la tête avec leur babil et leurs voix criardes. Espérons que tout s'améliorera petit à petit.

En tout cas, il y a un grand désir d'apprendre ; les fillettes de l'école, cet après-midi, jetaient sur les couseuses des regards d'envie et auraient bien aimé, elles aussi, être au nombre des élèves ! Je leur ai assuré que leur tour viendrait. Il y a heureusement deux ou trois grandes filles qui en savent un peu plus long que les autres et je me sers d'elles comme de monitrices. Ce qui m'ennuie beaucoup, c'est que mes patrons sont dans une caisse restée à Lydenburg ! J'ai dû m'en fabriquer d'autres provisoirement, mais je n'ai pas la bosse ; ils ne vont pas bien, il faut corriger partout ; c'est fort ennuyeux. Puis, comme nous n'avons pas encore nos bagages, je manque de coton, de fournitures de mercerie, de tout. J'en profite pour faire apporter à mes élèves leurs propres fournitures. Si elles en prennent l'habitude, c'est autant de gagné. Nous nous efforçons de nous mettre sur le pied de ne pas gâter nos gens ; aux Spelonken, malheureusement, nous étions obligés de leur aider beaucoup, parce qu'ils n'ont aucune ressource, mais ici, c'est différent : ils se procurent bien plus facilement ce qu'il leur faut, et, du reste, ils n'ont pas l'habitude d'être aidés.

Mais c'est une chose difficile que de rester dans de sages limites ; voilà, par exemple, une vieille femme qui vient de m'apporter une robe à couper ; son étoffe est terriblement mince, comme presque toutes les étoffes qu'on achète dans ce pays ; elle n'a point de doublure pour la taille. Mon premier mouvement c'est de donner à cette pauvre vieille un peu d'étoffe blanche pour doublure ; le second c'est de lui dire de m'apporter, pour payer sa doublure, quelques arachides, afin de l'habituer à ne pas recevoir des cadeaux de nous. C'est à cette seconde idée que j'en suis restée. Seulement, la dite femme ne sait pas coudre, elle est trop vieille pour apprendre.

— Qui est-ce qui coudra ta robe ? lui demandai-je.

— Toi ! répond-elle sans aucune hésitation.

— Mais je ne puis pas, j'ai trop d'ouvrage.

Que faire ? Aujourd'hui je lui ai offert de faire coudre son vêtement à l'école, ce qui l'a ravie.

Petit à petit, les ouvriers nous arrivent ; d'abord nous avons deux garçons de l'école qui viennent travailler l'après-midi, — Nouamohluène nous demande aussi de prendre un de ses fils qui désire suivre l'école, — puis nous avons depuis une semaine un jeune païen, une espèce de toqué, d'une bêtise heureusement rare ; avec cela, le pauvre garçon travaille avec ardeur ; il me fait tout à fait l'effet d'un mannequin à ressorts qui, une fois remonté, répète les mêmes mouvements indéfiniment ; une fois en train à son ouvrage, Manzine ne s'arrête plus, mais il ne faut pas que ce soit compliqué. Aujourd'hui il en est venu un second, qui a plus d'intelligence. Nos noirs ont une jolie expression pour indiquer l'état de ces pauvres êtres peu favorisés par dame nature : ils disent d'eux *qu'ils oublient*. Ainsi quand Paul demande à un de nos gens s'il n'a pas expliqué à Manzine comment il devait s'y prendre pour faire tel ou tel ouvrage, il lui répond :

— Oh ! oui, je lui avais bien montré, mais il oublie !

L'expression est très charitable, mais il ne faudrait pas croire que les gens le soient toujours. Ils s'amusent terriblement de ce pauvre Manzine.

Dimanche, 23 octobre. — Puisque je vous ai parlé de Manzine, je puis vous dire que, après avoir travaillé deux semaines, notre individu a trouvé qu'il avait gagné suffisamment pour le moment et il a décampé sans mot dire. Depuis lundi passé, je n'ai pas eu le temps de reprendre ma lettre ; mes écolières ont montré un tel zèle que je n'ai pas pu en avoir moins qu'elles et j'ai passé mes après-midi de jeudi et de vendredi avec elles, depuis le dîner jusqu'au goûter ; nous avons fait une bonne avance, mais il reste encore beaucoup d'ouvrage ; je pense que cela va continuer cette semaine, car on aura congé à l'école du matin pour une quinzaine de jours, à cause des travaux de labourage. Matsivi en profitera, je crois, pour aller à Antioka, une occasion se présentant d'avoir des compagnons de route.

Nous avons de nouveau bien chaud : il souffle ce vilain vent du nord qui apporte des effluves embrasés comme s'il sortait d'un four ; quand nous aurons ʃune maison, nous le sentirons moins ; ce sera dans quinze jours, j'espère. Hier et avant-hier on a charrié la terre à plâtrer au moyen du cart ; on a apporté aussi du fumier frais de vache, car, seule, la terre ne tiendrait pas, il faut y ajouter la colle du pays ; demain on ira chercher l'eau pour faire la *papette*, et mardi les femmes de l'Eglise viendront plâtrer ; en Afrique, ce sont les femmes qui font cet ouvrage. Ces braves créatures se sont déjà chargées de faire cette besogne pour Timothée, Jonas et Matsivi, qui sont tous installés chez eux depuis plus ou moins longtemps. Une chose qui me fait soupirer après une maison plâtrée, c'est la poussière : les vents violents du printemps soulèvent le sable qui se dépose sur tout ce que contient notre cuisine en roseaux, dont les murs sont à jour. Représentez-vous l'agrément : toute notre nourriture se couvre d'une telle couche de poussière qu'il nous arrive de manger des choses qui crient sous la dent, tant elles contiennent de sable. Avant de quitter Valdézia, j'avais prié M. Ducret de me fabriquer une sorte d'armoire dont deux côtés sont couverts de treillis, pour avoir tout de suite un garde-manger; il y a quelques semaines, nous avons déballé ce meuble, et Paul l'a suspendu dans notre baraque, où il me rend de fameux services, mais, l'autre jour le vent était si violent qu'à travers les murs il balançait notre malheureux garde-manger de telle sorte que tout se répandait : lait, café coulaient sur les rayons et à travers les treillis. Avec une poussière comme celle de ce pays-ci, cela faisait quelque chose de propre !

Afin de fermer un peu notre hutte, Paul a fabriqué une porte, vous ne devineriez jamais avec quoi!... Avec des nervures de feuilles de palmier. Il y a dans un des marais avoisinants une quantité de palmiers dont les feuilles sont immenses ; une fois celles-ci sèches, on coupe les nervures, dont les plus grosses sont épaisses, à la base, comme le genou et longues de plusieurs mètres ; Paul en a mesuré une qui a huit mètres! C'est celle que nous gardons pour le drapeau fédéral. Naturellement, cela n'a pas la solidité d'une perche et c'est léger comme des plumes, mais cela rend de bons services ; on peut les partager pour en faire des listes joliment droites, et Paul s'est mis à en fabriquer une porte à la mode du pays ; il a coupé les nervures en morceaux d'égale longueur, les a percés de trous avec une vrille à deux endroits ; un bâton placé dans ces trous rassemble tous les morceaux, qui s'emboîtent les uns dans les autres, et voilà une porte faite, d'une légèreté incomparable et ne manquant pourtant pas de solidité. C'est vite fait, comme vous voyez, et cela ne coûte pas cher.

Depuis hier aussi, nous sommes en possession d'un rafraîchisseur pour notre eau ; c'est un pot en terre du pays ; on en fait beaucoup ici, c'est l'ouvrage des femmes ; elles vont chercher la terre très loin, en moulent des ustensiles de

Nervures de feuilles de palmier réunies pour une construction.

tous genres qu'elles mettent sécher, puis elles les cuisent jusqu'à ce que ce soit solide; bien souvent, les pots se fendent par la cuisson, et c'est à recommencer. Ici, on se donne assez souvent la peine de les peindre à l'ocre et à je ne sais quel jus d'arbre, cela les empêche de couler; pour les rendre imperméables, on a encore un autre moyen, c'est d'y cuire du maïs tout rond pendant plu_sieurs heures; les interstices du pot se bouchent avec la papette du maïs. Notre rafraîchisseur n'est ni verni ni plein de papette et il laisse passer l'eau quelque peu; cette eau s'évapore au courant d'air et produit du frais tout autour; l'eau se trouve ainsi rafraîchie, cela fait du bien.

Nous avons eu des chagrins ces jours-ci; je ne sais quel mauvais esprit a passé par Rikatla; d'abord Mbayioua, le Movendà que nous a légué Fornallaz, s'est mis à voler; il a fallu le punir; puis une fille de l'école a fait la sotte, répondant mal à Matsivi qui, n'en pouvant faire façon, l'a envoyée à Paul; enfin, notre Makanyana, la plus grande de mes petites aides, a été prise en flagrant délit de mensonge effronté. Je m'étais aperçue que ces fillettes mentaient très facilement; hélas! avec l'éducation qu'elles ont reçue, ce n'est pas étonnant, mais jusqu'à présent je ne les avais jamais prises sur le fait; enfin, l'autre jour, j'ai réussi à mettre la main sur l'aînée, non sans peine, car, avec un sang-froid étonnant, elle m'inventait des histoires que j'aurais certainement crues vraies si je n'avais pas eu des soupçons depuis quelque temps. Nous avons cherché à représenter à Makanyana que le mensonge est une très mauvaise chose, mais cela a de la peine à lui entrer dans la tête, et depuis cette histoire la fillette est mal tournée. Aujourd'hui, elle semble se remettre un peu.

C'est difficile souvent de savoir comment s'y prendre avec ces enfants ; elles sont d'une légèreté et d'une étourderie rares, n'ayant eu jusqu'à présent que de mauvais exemples ; leur mère, qui vient de se convertir, était une mauvaise femme qui, de son propre aveu, volait tant et plus et a cherché même à plus d'une reprise à empoisonner des gens, sans y réussir jamais, heureusement. Cette Noualanga est une puissante femme, qui a l'air d'avoir une tête bien organisée ; elle mène toute sa bande comme une reine ses sujets. Elle est maintenant retournée chez elle, en ville, mais compte revenir bientôt. Hier, elle nous a envoyé en cadeau un morceau de viande de bœuf, une boîte de biscuits anglais (!) et une boîte de lait condensé. Cela semble drôle de recevoir de la part d'une négresse des choses que nous ne nous accorderions pas, et il faut que dame Noualanga ait de l'argent pour se payer des boîtes de biscuits ! Quant à la viande, les noirs en achètent beaucoup en ville, aussi mes petites l'aiment-elles bien ; à leur grande joie, j'ai partagé avec elles le morceau envoyé par leur maman.

Hier, nous avons eu un enterrement au village ; le matin était morte une vieille femme, une grand'tante d'Eliachib, qui s'est éteinte comme une lampe qui n'a plus d'huile. Elle était alitée depuis longtemps, presque depuis le moment de notre arrivée. Paul pensait faire l'enterrement aujourd'hui, mais quand il est allé voir le corps hier, il a vu qu'il n'y avait guère moyen d'attendre un jour, aussi a-t-il fait le service entre quatre et cinq heures de l'après-midi. Comme nos gens ont les larmes si faciles, je m'attendais à ce qu'il y aurait de grandes lamentations au service funèbre ; mais point du tout, on était fort calme, et même nous avons été étonnés de voir le peu de respect et de sentiment qu'on a montré dans cette occasion. Nos chrétiens d'ici, paraît-il, ont gardé encore les vieilles coutumes païennes, qui veulent qu'on se débarrasse des cadavres le plus vite possible et sans aucune cérémonie. C'est à peine si l'on voulait creuser une fosse, et ce sont nos hommes qui se sont chargés de la besogne. Après le culte dans la maison, on plaça le corps sur un brancard improvisé, et nous allâmes en cortège jusqu'à la fosse. Les femmes avaient enveloppé ce pauvre maigre corps dans un morceau d'étoffe, puis on l'avait ficelé dans une natte.

Ce matin, au culte, Paul a repris son texte d'hier (la résurrection de Lazare) et il a cherché à faire comprendre à son auditoire que les chrétiens doivent avoir du respect pour les morts, dont les corps ressusciteront.

Cet après-midi Eliachib présidait. Le brave homme commença par lire une partie du récit des deux disciples d'Emmaüs (dont l'un s'appelle *Klaopas*, nous dit-il). Je ne sais pas s'il a eu l'intention d'en faire son texte; en tout cas, il aurait lu n'importe quelle autre portion des Ecritures que cela aurait fait l'affaire tout aussi bien. Je n'ai pas vu souvent un nègre traiter son texte, mais peut-être que cela vaut tout autant ainsi, car, quand ils cherchent à l'expliquer, leurs applications sont si drôles et si inattendues qu'on peut se demander ce que les auteurs des textes en penseraient. (Ainsi quand Yosefa dans une prière s'écrie : « Seigneur, tu as écrasé la tête du serpent ancien,

mais, tu le sais, il reste encore la queue! »
Donc, Eliachib fit rouler tout son discours sur
ce qu'ils étaient tous de grands pécheurs, qui
ne savaient rien, qui faisaient beaucoup de mal,
qui volaient, qui mentaient, etc.; mais que Dieu,
dans sa bonté, leur avait envoyé des missionnaires pour leur montrer leurs fautes, pour les
éclairer. « Et, mes frères, répétait-il, ce ne sera
pas la faute de nos missionnaires si nous allons
à la perdition, non, ce ne sera pas leur faute du
tout, mais la nôtre uniquement.... »

Tout le sermon roula là-dessus. Les cantiques
étaient tout aussi bien appropriés aux circonstances que le texte; le premier qu'il fit chanter
est celui qu'on a traduit en français et qu'on a
mis dans les *Chants évangéliques : Passez jus-
ques à nous;* le second, un chant sur le ciel. Il
paraît que le brave Eliachib s'est senti repris
dans sa conscience et qu'il a été touché par ce
que Paul avait dit le matin.

Il y a un moment, comme nous finissions de
goûter, la petite bande qui était partie ce matin
pour aller évangéliser reparut à l'horizon; c'est
très joli de les voir revenir, fatigués, mais tout
remplis de ce qu'ils ont vu et entendu. Ils vont
de village en village, s'arrêtant là où on les
reçoit et les écoute; à plusieurs endroits, aujour-

Ancienne chapelle de Rikatla.

d'hui, ils ont trouvé des hommes en train de boire de la bière, ou même de faire des libations en l'honneur de leurs ancêtres; ceux-là, naturellement, n'étaient guère disposés à les écouter; mais ailleurs ils eurent la permission de faire un culte en toute liberté.

26 octobre. — Timothée est revenu hier de Lourenço Marques, où il avait fait les cultes dimanche et lundi. Il y a toujours bien des récits à entendre quand les évangélistes reviennent de la ville, des tristes et des réjouissants. Quelles mœurs! quelles mœurs! Les pauvres gens sont si accoutumés au mal dans cette ville abominable qu'ils n'y font plus attention. La vie de péché, pour plusieurs, est un gagne-pain et on ne voit pas pourquoi on y renoncerait. Et puis, comme il n'y a pas d'évangéliste à demeure, les membres prépondérants de l'Eglise de Lourenço Marques sont continuellement en dispute pour avoir le haut bout et la direction des affaires. Cela devient toujours plus nécessaire d'y placer quelqu'un, en attendant que nous puissions y aller nous-mêmes. Timothée serait bien l'homme pour cela. Il paraît que les noirs l'appellent leur *padre!* (curé). Il a très bonne façon le dimanche, avec son petit habit noir et ses cheveux bien peignés!

———————

CHAPITRE XVII

Premiers baptêmes à Lourenço Marques.

Course à Lourenço Marques. — Les indigènes doivent déloger. — Cultes journaliers. — Tondjyane et sa maison. — Les candidats au baptême. — Distractions pendant le culte. — Chant peu harmonieux. — Promenades au bord de la mer. — Culte troublé. — Au port de mer. — Les nouveaux noms. — Les baptêmes. — Bonnes dispositions du gouverneur. — Retour à Rikatla. — Installation de la cuisine.

Lourenço Marques, 1ᵉʳ décembre 1887. — Il y a une semaine, nous quittions Rikatla pour venir en ville. Avant de partir, nous dûmes vider entièrement notre chambre afin qu'on pût smirer en notre absence et surtout pour que le fond pût sécher. Il y avait encore tant d'humidité que les champignons poussaient sous les plaques de zinc qui protégeaient nos malles.

Nous nous mîmes en route après dîner, accompagnés des bénédictions de toute la communauté, réunie pour nous voir partir. Il y avait clair de lune et nous désirions en profiter afin que nos bœufs ne souffrissent pas de la chaleur. Ces pauvres bêtes, quoiqu'elles soient en bon état, ne parviennent pas à retrouver leurs forces, et c'est un rude labeur que de les faire cheminer dans ce sable. Nous nous demandons comment nous pourrons retourner avec une charge. En tout cas il faudra la faire petite.

Nous nous installâmes sur la colline, près de la chapelle, pour que Paul puisse voir à son aise tous ses paroissiens. On nous reçut avec grande joie. Vite on balaya la « maison de prière, » comme on l'appelle, et en peu de temps tout fut arrangé. Le wagon est tout près de la maison, et notre cuisine est installée dans la petite cour assez sale qui est derrière et dans laquelle on ne peut pénétrer qu'en passant par la chapelle. Nos repas se prennent sur la vieille table, dans la hutte.

Nous commençons par nous informer de la nouvelle qui nous était arrivée, qu'on chassait tous les noirs habitant sur la colline. Elle se trouve confirmée, seulement les gens avaient exagéré en disant qu'on les faisait partir immédiatement. On leur donne trois mois pour démonter leurs huttes, et celles qui n'auront pas été enlevées dans ce laps de temps seront détruites par la police. Ceux qui ont des toits de fer ou de tuiles peuvent rester provisoirement jusqu'à ce que le terrain qu'ils occupent soit vendu. Les pauvres gens sont bien ennuyés d'être ainsi mis à la porte. Il y a un clan qui a réclamé, c'est celui qui habite entre la station télégraphique et l'endroit où les Portugais veulent établir leur nouvelle ville. Leur chef a menacé de quitter le pays avec tous ses sujets si on les forçait à déguerpir, et on leur a permis de rester.

Nos chrétiens sont très embarrassés. Beaucoup d'entre eux travaillent pour les blancs et sont obligés de rester près de la ville. Les autres pensent à émigrer plus loin, et Jonas, nouveau prophète, les y pousse fortement. « Quittez, leur dit-il, cette terre de perdition, faites comme les enfants d'Israël lorsqu'ils ont abandonné l'Egypte, et dirigez-vous vers Canaan. » Canaan, selon lui, serait un village chrétien qu'on fonderait à une bonne distance de la ville, et au milieu duquel nous irions nous établir.

Notre arrivée fit quelque sensation parmi la population noire. Chacun s'arrêtait, s'informait, et j'ai été frappée d'entendre souvent les passants se dire entre eux : « Ça, c'est la maison de prière, tu vois! Et ce blanc, c'est celui qui enseigne les noirs. » Il y en a même qui venaient tout près et qui demandaient à Paul de leur faire une petite exhortation.. « Ah! c'est très bien ce que tu nous dis là, c'est bien ça ! » lui disait-on ensuite. Puis on le remerciait et on s'en allait en faisant des courbettes à la portugaise. C'était quelquefois divertissant. Nos chrétiens venaient les uns après les autres nous saluer. Paul faisait appeler ceux qu'il désirait examiner de près et les emmenait à quelques pas de la hutte qu'on a construite pour Timothée, afin d'être plus tranquille, car dans la chapelle même il y a un continuel va-et-vient. Le matin de bonne heure Jonas faisait la prière. Le soir Paul s'en chargeait. C'était joli, après le coucher du soleil, de voir arriver tout notre monde par petites troupes, les jeunes chantant des cantiques.

La femme qui prend soin de la chapelle est une certaine *Tondjyane,* qui demeure tout près. C'est une des noires les plus connues de la ville. Elle a une sorte d'hôtellerie, où blancs et jaunes viennent loger et elle vend des boissons fermentées. Cependant elle abandonne maintenant son commerce d'eau-de-vie. Elle possède une quantité de filles esclaves,... comme plusieurs autres femmes de son espèce.

Tondjyane est une des chrétiennes les plus avancées — je devrais dire les moins arriérées — et les plus zélées de l'Eglise d'ici. Mais malheureusement sa maison marche bien mal.... Je n'ai pas besoin d'insister. La pauvre femme aimerait bien changer tout cela, mais comment faire? Ses filles ne l'écoutent pas et lui font la vie dure. Elle est complètement débordée et elle ne sait comment sortir d'une position qu'elle a créée elle-même et qui la lie maintenant d'une façon désastreuse. Paul hésitait beaucoup à la baptiser, mais après avoir causé à fond avec elle, il s'est décidé à le faire. Elle a une maison en fer et en tuiles et ne sera pas forcée de déménager comme les autres.

Deux autres femmes, *Kossine* et *Moukandi*, renvoyées dernièrement par un Banyan avec lequel elles vivaient, seront aussi baptisées, ainsi qu'une veuve, *Ndlopfou* (qui veut dire éléphant) et la brave petite blanchisseuse, *Saboula*, la femme de Pakoule, dont je vous ai déjà raconté quelque chose. C'est ce Pakoule qui est pensionné du gouvernement portugais. Il vient maintenant au culte habillé comme un beau monsieur, pantalon noir collant, habit blanc bien à sa taille, chemise repassée, col haut et cravate, avec un chapeau noir et une canne, sans compter une chaîne de montre bien en vue, mais je doute qu'il y ait quelque chose au bout! Voilà cinq femmes qui seront baptisées, plus un homme, *Bokota*, un ouvrier maçon qui gagne, s'il vous plaît, 2 shillings 6 pences par jour, c'est-à-dire plus de 3 francs! Ce brave homme, au premier abord, aurait mieux aimé attendre, pour être baptisé, que sa femme pût l'être en même temps. Or elle n'est pas encore convertie! Mais quoique Paul l'ait encouragé dans sa bonne pensée, il s'est décidé pourtant à demander le baptême, craignant d'être trop longtemps retardé. Paul fera ces baptêmes déjà dimanche prochain, car, sans cela, il nous aurait fallu revenir un peu plus tard, avec armes et bagages, et c'est bien compliqué.

Dimanche, comme de juste, nous avions une grande assemblée. On était bien serré dans le bâtiment, et il y avait encore du monde dehors. Les cultes nous ont fait une impression plutôt pénible, car ces pauvres gens ne savent pas écouter! On sort, on rentre constamment, les poupons hurlent sans qu'on songe à les faire taire, on tourne la tête de tous les côtés pour découvrir les dormeurs, qu'on secoue de droite et de gauche, par devant et par derrière, et réellement on peut se demander ce qui reste dans les cœurs de la semence répandue! Et puis les gens qui passent sur la route crient ou se battent ou viennent derrière la porte voir ce qui se passe, tout en causant tout haut. Dans la cour, les enfants s'amusent,... bref, j'avais bien pitié de mon pauvre mari, qui devait prêcher au milieu de tout ce bruit. Représentez-vous s'il est facile de se recueillir, de trouver des idées et de les exprimer dans une langue difficile quand on a devant soi un continuel va-et-vient! Aussi, après sa prédication du matin, Paul était-il épuisé.

Jonas était chargé du culte de l'après-midi, où il y avait encore plus de monde. Même bruit, mêmes distractions. Nous avions auparavant donné une leçon de chant et j'avais essayé de corriger une faute ou deux qui se sont glissées dans un des chants. Peine inutile. Je me heurtais contre un roc inébranlable. Je fais répéter le passage dix, vingt fois. On arrive à chanter juste. Je fais recommencer et les mêmes vieilles fautes reparaissent... et reparaîtront toujours. Un second essai, un troisième ne changent rien aux affaires; il faut se résigner et laisser les braves gens s'époumonner avec une satisfaction visible, convaincus que leurs voix font un effet splendide et que rien n'est plus beau que les *ponts* qu'ils introduisent partout. Si seulement ils ne savaient rien, on pourrait encore avoir quelque espoir! Mais maintenant les fautes sont si invétérées qu'il n'est plus possible de revenir en arrière.

Nous goûtons de bonne heure et nous partons, Paul et moi, pour une promenade solitaire au clair de lune. Nous longeons la colline et arrivons sur la berge, au bord de la mer. Il faisait délicieux! La bonne brise de mer soufflait. Nous nous retrouvons à l'endroit que Paul avait dès l'abord examiné en vue d'un futur établissement; il faut avouer que ce serait bien joli et bien agréable. Mais il n'y a point d'eau. On dit cependant qu'un individu d'ici a obtenu du gouvernement en concession un grand morceau de terrain le long de la mer et qu'il pense faire là un établissement. Il ferait des plantations dans le marais, au pied de la colline.

Nous revenons au wagon, car c'est l'heure de la prière du soir. Paul préside. Pendant la dernière prière, on entend des sanglots partant du milieu des jeunes gens, puis les cris d'une femme. Non contente de pleurer, elle se met à hurler : « Mon père, aide-moi! On me refuse la nourriture, je veux aller au Tembé, je vais dans les champs pour pleurer, » etc. On ne s'entendait plus et, bon gré, mal gré, Paul dut s'arrêter et finir. Comme il ne savait pas ce qui en était de cette femme, il craignait de la faire taire. Il aurait eu moins de scrupules s'il avait su ce qu'il apprit plus tard, que cette femme s'était tout bonnement querellée avec une fille de chez Tondjyane, chez laquelle elle est en séjour, et qu'elle exposait ses griefs en pleine prière, troublant ainsi le recueillement de tous! Cela vous donne une idée du respect qu'on a pour les assemblées, le culte et la prière. Et vous avez un aperçu de la manière dont se font les cultes ici!

2 décembre. — Nous revenons du port, où nous sommes allés voir entrer un steamer de Natal. Il n'était pas encore à l'ancre que plusieurs barques se mettaient en devoir d'aller conduire à bord les douaniers et le docteur du port, ou des gens qui attendaient des marchandises de Natal. Mais le vent était si fort que les barques ne pouvaient approcher du navire et étaient emportées à la dérive. On envoya à leur secours un petit vapeur qui fait le service du port. Les passagers regagnèrent le rivage comme ils avaient atteint la barque au départ, c'est-à-dire qu'ils se mirent à cheval sur les épaules d'un nègre qui n'a pas de pantalons de drap fin à mouiller. Vous voyez que c'est primitif.

Samedi 3. — Il pleut, quel changement! Aujourd'hui c'est une vraie joie de sentir un peu de fraîcheur. Demain nous passerons notre dimanche tout entier sur la colline avec nos gens.

Hier Paul a fait provision de noms bibliques pour les donner à ceux des baptisés dont il fallait changer les noms : ainsi Ndlopfou s'appellera *Eva ;* Kossine, *Lydia ;* Moukandi, *Naomi ;* Tondjyane, *Sara*, et l'homme s'appellera *Ruben Bokota*. Son ancien nom devient nom de famille. Saboula garde son nom, qui est joli et n'a pas une mauvaise signification en ronga.

4 décembre. — Voici le second dimanche de notre séjour à Lourenço Marques. Nous avions fait dire au Tembé, à Rikatla, chez Nouamohluène et encore ailleurs que ceux qui pouvaient venir étaient invités à assister à la cérémonie, aussi y avait-il beaucoup de monde, environ deux cents personnes. On était serré comme des sardines dans une boîte. Grâce à Dieu, la température s'était un peu rafraîchie. Je ne sais comment nous aurions vécu si la chaleur avait été aussi forte ce jour-là que la semaine précédente ! Paul avait réuni les candidats au baptême plusieurs fois, afin de les instruire un peu et nous pouvons espérer qu'ils ont compris la valeur de l'acte et qu'ils y étaient suffisamment préparés. Ces six membres de l'Eglise, un homme et cinq femmes, sont les seuls de la congrégation de Lourenço Marques assez solides et assez conséquents avec les principes qu'ils professent pour qu'on ait pu penser à les baptiser. Paul espère que ce sera un encouragement pour eux et aussi un stimulant pour les autres.

Plusieurs furent appelés à rendre témoignage de leur foi et ils le firent très simplement et, chose digne de remarque, sans beaucoup de paroles! L'assemblée était plus attentive et plus tranquille qu'à l'ordinaire, et, somme toute, nous avons eu une bonne impression de ce culte et nous espérons qu'il aura fait du bien. Un avocat portugais, qui a une charge quelconque dans le gouvernement, assistait à la cérémonie, paraît-il. J'ai aperçu, en effet, un visage blanc derrière la porte, à plusieurs reprises. Il vint raconter en ville ce qu'il avait vu, si bien que M. Leuzinger lui-même en entendit parler, quoiqu'il n'ait pas vu le certain avocat. D'après ce qu'il avait entendu dire, il pensait que les Portugais nous laisseraient bien tranquilles et que personne ne songeait à nous inquiéter. C'est, du reste, l'impression de Paul, qui est retourné une seconde fois chez le gouverneur, lequel l'a très bien reçu et a causé aimablement avec lui. Nos noirs sont très heureux de la chose, car ils étaient inquiets des menaces qu'on leur faisait. A vrai dire, ces menaces nous émouvaient peu, car nous savons que nos braves gens sont assez pusillanimes, qu'ils exagèrent facilement, et nous nous doutions aussi que c'étaient les subalternes, les petits employés métis ou autres qui se donnaient de l'importance en faisant peur à Jim Boy et à ses amis. A Rikatla aussi, la nouvelle des bonnes dispositions du gouverneur fait grand plaisir, et Timothée et Matsivi qui nous écrivaient pour nous raconter diverses histoires de l'Eglise d'ici exprimèrent leur satisfaction comme suit : « Nous remercions Dieu en apprenant qu'il a fermé la gueule des lions, nous voulons dire des gouverneurs blancs. »

Rikatla, 28 décembre. — Nous sommes restés en ville trois longues semaines, retenus par plusieurs affaires, entre autres par le transport de nos bagages, qui s'est effectué au moyen d'un tombereau que Paul a réussi à louer.

Notre wagon n'était pas chargé, en sorte que nous n'eûmes pas de peine à cheminer. Nous avions, du reste, une journée relativement fraîche, un temps couvert, aussi pûmes-nous faire la course en un jour. On dirait que les courses du tombereau ont un peu accoutumé les bœufs à tirer dans le sable, ils marchaient mieux qu'à l'ordinaire, et, quoiqu'il n'y ait pas de route tracée, les deux bœufs de devant commencent à pouvoir se retrouver tout seuls sans qu'on les conduise.

Les gens étaient tout contents de nous voir revenir à Rikatla après cette longue absence. Zakaria avait si bien nettoyé et balayé la place tout autour des maisons que notre petit village avait fort bonne façon. De plus, il avait préparé du bois à brûler en provision et l'avait joliment entassé près de la cuisine. La pluie ayant fait pousser l'herbe, le pays était plus vert et plus gai qu'à notre départ.

Nous avions beaucoup de besogne en rentrant. Il fallait remeubler notre chambre que nous avions vidée au départ et réparer les dégâts que les bêtes de toute espèce avaient faits dans notre véranda fermée, où nous avions entassé toutes nos affaires. C'est incroyable la rapidité avec laquelle travaillent souris, rats, termites, fourmis. Il fallait voir les trous et les tas de terre au pied des murs ! Tout était en désordre dans ce réduit, parce que Zakaria y avait fait la chasse aux serpents. Il en a tué deux et en a aperçu deux autres qui se sont cachés derrière les caisses en se voyant poursuivis. Vous voyez que nous avons aussi par ici de ces bêtes qui n'ont « rien de poils et rien de pattes ! » On en tue assez souvent.

Notre célèbre fourneau est enfin arrivé de Natal, mais, comme on est en Afrique, on nous a envoyé pour l'accompagner des tuyaux deux fois trop gros avec des coudes trop petits! Paul craignait beaucoup de ne pas pouvoir arranger cela et de devoir attendre qu'on nous renvoyât de Natal des tuyaux convenables. Pour moi, j'avais encore bon espoir, sachant mon cher mari très habile et riche en expédients et en idées pratiques. Je n'avais pas tort, car, à peine arrivés, Paul mettait à contribution son génie inventif et, au moyen d'une série de vieilles boîtes en fer-blanc, anciens pots de graisse à wagon, il réussissait à arranger la cheminée du fourneau, en sorte que celui-ci fonctionnait trois jours après notre retour. Par exemple, si la commission du feu passait chez nous, elle nous imposerait sans doute une forte amende, car tous ces petits bouts de tuyaux non soudés, avec nos murs en roseaux et notre toit de chaume, ce n'est pas très rassurant.

Aussi, n'est-ce que provisoire, et, de temps à autre, je demande à Dieu de nous préserver d'incendie. Mais, impossible de vous dire combien je jouis de mon fourneau et de ma cuisine! C'est une autre vie, je vous assure, et je trouve que celui qui a inventé les fourneaux mériterait une couronne tressée par toutes les ménagères. Je crains de vous ennuyer en vous chantant les

L'établissement de Rikatla.

louanges de ce meuble utile, aussi je passe ; il faut avoir été pendant de longs mois obligée de cuire au vent et au soleil pour comprendre le changement que cela fait, dans la vie, d'être en possession d'un fourneau qui marche bien !

Notre pièce principale a pourtant déjà pris quelque chose d'un peu plus agréable, et nous commençons à nous y sentir de plus en plus *at home !* Nos lits et sommiers sont en place, mais... les matelas sont à Barberton ; pauvres lits, ils ont bien souffert du voyage et de la chute du wagon. Nous avons des nattes sur le plancher, ce qui est un grand progrès. Bref, petit à petit nous nous « recivilisons » et nous en jouissons, n'étant pas nés dans la barbarie.

Six jours avant Noël arrivaient à Rikatla de grandes bandes de chrétiens du Tembé, de la ville, des villages environnants, de chez Nouamohluène : il y avait une telle troupe que je leur demandai qui on avait laissé au village pour le garder :

— Il n'est resté que des maisons, me répondirent les femmes avec la bonne gaieté qui caractérise tout le clan de Nouamohluène.

Jim Boy était là aussi avec une quantité de gens, puis une troupe de femmes et de jeunes gens de la ville et la plupart des nouveaux baptisés. Je me demande où tout ce monde a logé. On devait être entassé chez les Eliachib!

La veille de Noël, nous remarquions avec appréhension que le temps se couvrait, et quelque bienvenue que soit la pluie pour les champs, nous faisions des vœux pour qu'elle ne vînt pas troubler notre joie de Noël. En effet, où faudrait-il se réunir s'il ne faisait pas beau temps avec une pareille assemblée? Par malheur, la pluie tombait bel et bien dimanche matin, et, quoiqu'elle ne fût pas forte, il n'y avait pas moyen de se réunir en plein vent. Vous savez que le bâtiment qui sera la chambre à manger est sous toit, mais on n'a pas encore mis les roseaux pour faire les murs; c'est là que nous avons logé nos caisses et nos bagages. Vite, Paul appelle la bande des jeunes gens et fait transporter tout cela sous la petite véranda de notre maison, ainsi que le bois que j'avais fait loger à l'abri de la pluie; on étend de l'herbe sèche par terre, on improvise un banc pour les baptisés, et voilà la chapelle arrangée. On était passablement entassé, mais cela ne gênait pas, puisqu'il y avait de l'air en suffisance. Ce fut un beau culte, une belle journée!

Une des baptisées est Makondjua, la femme de Jonas, qui a bien changé ces derniers mois.

Aux Spelonken, on aurait peine à la reconnaître. Paul l'a appelée Débora. Deux autres sont les femmes de Makhani, le conseiller de notre petit chef Mozila; la plus vieille est la sœur d'Eliachib; Makhani assistait à la cérémonie. Paul fit parler trois ou quatre de ces femmes, entre autres Débora qui, avant de se lever, dut commencer par déposer à terre sa petite fille, endormie sur ses genoux. Elle s'humilia à fond, la brave créature, et fit, devant chacun, un tableau très noir de son mauvais caractère ; elle se compara au mauvais riche qui méprisait Nazoro (!) et ne voulait rien lui donner. Elle raconta ensuite quelques traits de sa vie passée pour illustrer son tableau, et, après chacun, elle répétait : « Je demande à Dieu de me pardonner tous ces péchés. » C'était touchant ! Son brave mari, notre Jonas (l'évangéliste), qui a déjà par nature ou plutôt à cause de sa foi sincère et enfantine une expression habituelle de joie et de paix, rayonne plus que jamais maintenant.

Cette belle fête spirituelle nous a fait supporter plus facilement notre isolement, dans ces jours de fête de famille où nous nous sentons si loin de tous les nôtres.

APPENDICE

L'Eglise du Littoral à l'arrivée des missionnaires [1].

Comment vous faire une description fidèle de la petite Eglise que nous avons trouvée dans ce pays à notre arrivée ? C'est une tâche fort difficile, à la hauteur de laquelle je ne suis guère. Vous vous attendez à de belles choses, car, depuis deux ans, les nouvelles de ce lointain littoral ont toujours été des plus réjouissantes. J'aimerais pouvoir vous promettre que mes récits ne vous causeront pas de désappointement, mais je ne puis m'engager qu'à une seule chose : c'est de dire la vérité. Or, pour vous l'annoncer dès l'abord, tout ce que nous avons vu jusqu'ici, ma femme et moi, nous a amenés à cette conclusion, qui est notre profonde conviction : il était temps, il était trois fois urgent

[1] Extrait d'un rapport présenté au Conseil de la Mission par M. P. Berthoud, en octobre 1887.

qu'un missionnaire vînt se fixer au milieu de ce troupeau sans pasteur et en prendre soin.

Ecartons d'emblée Antioka, qui est si loin. En quittant Valdézia de bonne heure dans la saison, j'avais espéré trouver le temps nécessaire pour aller jusque là-bas et y faire une inspection ; je désirais vivement visiter les jeunes gens que les menaces du roi avaient fait reculer. Mais,... les retards ! c'est l'Afrique. J'ai dû renoncer à mon projet pour cette année. Du reste, il n'y a rien de nouveau à Antioka : la famille de l'évangéliste, celle de sa sœur, puis deux ou trois jeunes gens, voilà de quoi se compose le troupeau. Yosefa m'a raconté que celui-ci ne peut pas s'accroître parce que les gens ont peur du chef régent. Eux voudraient l'Evangile, assurent-ils ; mais Motshényengouène les tuerait s'ils venaient à se convertir ; ou bien, il les dépouillerait et les chasserait. Dernièrement, le chef a protesté en plein public contre ces allégations-là, assurant avec force qu'il n'empêcherait personne de devenir chrétien. Mais on n'a pas confiance en lui, et l'on croit qu'il joue double jeu. En tout cas, vous savez qu'il témoigne maintenant la plus haute estime à notre évangéliste, qui l'a tout à fait gagné par son attitude franche et par ses procédés aimables et conciliants ; et l'on ne peut plus parler de persécution. Ainsi, une année a suffi pour changer du tout au tout, au moins en apparence, la position de Yosefa vis-à-vis du successeur de Magoude. Et pourtant ce fait demeure, que la moisson n'a pas encore commencé à Antioka.

. Revenons donc au sud, à cette partie du champ où la semence a levé abondamment. Elle a levé, en effet ; mais c'est un fouillis inextricable, où les plantes poussent des branches gourmandes, où de belles fleurs s'épanouissent entremêlées dans les ronces : de loin, les brillantes couleurs seules attirent les regards ; de près, il faut y aller avec prudence, de peur de se blesser ou encore de froisser les corolles.

Presque tous nos gens sont de race gouamba ; il y a aussi quelques métis, mais on n'y compte aucun blanc, ni aucun représentant des races asiatiques.

C'est touchant de voir la cordialité qui les unit, et qu'ils raniment sans cesse en s'appelant les uns les autres « enfants du Seigneur, » — « enfants du Père, » — « bien-aimés de Dieu, » etc. Leur piété joyeuse a quelque chose de communicatif, qui est bien l'une des causes de la rapidité avec laquelle l'Evangile s'est propagé. Du reste, nous sommes obligés de reconnaître qu'il y a une grande différence de tempérament entre nos Gouamba des Spelonken et ceux d'ici, qui sont beaucoup plus vifs, en général ; cela peut avoir son mauvais comme son bon côté ; ne jugeons pas, notons seulement.

La propagation de la Bonne Nouvelle, vous le savez, est due beaucoup aussi au zèle de la famille d'Eliachib, zèle qui s'est communiqué ensuite à ceux que leur parole avait gagnés. Il en est résulté que cette maison est devenue le foyer des âmes réveillées, du Nkomati au Tembé, leur centre de ralliement, la source où elles viennent se désaltérer. Si vous en rencontrez une sur la route, et que vous lui disiez :

— Où vas-tu ?

Elle vous répondra :

— Je vais à la source.

Puis elle arrivera chez Eliachib, s'assiéra auprès des membres de la famille en disant avec sérieux :

— J'ai faim. (Sous-entendu « de la nourriture de l'âme. »)

Presque tous les nouveaux convertis font cela. Ils viennent d'abord pleurer pour déterminer la crise qui sera leur conversion ; plus tard, ils reviendront pour se nourrir, quand l'isolement et la privation leur pèseront trop sur le cœur. Jim

Boy, qui s'est converti au Tembé, a fait plusieurs fois ce pèlerinage, et il y a aussi envoyé, à diverses reprises, ses trois femmes, sa mère, sa sœur, ses esclaves. On voit ainsi arriver à Rikatla de petits groupes de personnes qui feront un séjour plus ou moins court ou prolongé, deux jours, deux semaines peut-être.

Vous vous demandez de quelle manière il est pourvu à l'entretien matériel de ces nombreux visiteurs. Quand je posai la question à Yosefa, il me répondit sur un ton enjoué :

— Mais ce sont les miracles de Dieu ! C'est comme chez la veuve de Sarpita (*sic*).

Le fait est que Loïs et sa fille Routhi (Ruth), sur lesquelles repose le souci du ménage et de la culture des champs, savent admirablement s'en tirer. Pour dormir, les gens s'entassent dans les cinq ou six huttes du hameau; la cuisine se fait en plein air, et les repas se prennent autour du vaste foyer. On cultive des champs immenses qui grandissent chaque année; et Loïs, dirigeant tout sans bruit, y conduit tranquillement ses hôtes, les invitant à piocher avec elle pour que chacun fasse sa part. C'est vraiment beau de voir cette ruche si animée, où toutes choses sont en commun, comme dans l'Eglise primitive. Eliachib et sa famille exercent l'hospitalité la plus large, toujours avec bonne grâce : une âme qui a faim et soif de justice a droit de cité chez eux, c'est une enfant de la maison.

Quand la maisonnée ne compte qu'une vingtaine de personnes, adultes et enfants, c'est un minimum ; il y en a eu, à certains moments, près de quarante. Dans le nombre, on en voit chaque jour quelques-uns (pas constamment les mêmes) qui ont trop soif des récits bibliques pour penser à autre chose, et il faut bien alors qu'un évangéliste, ou, à son défaut, un membre de la famille se consacre à eux et leur prodigue les lectures, les récits et les exhortations. Les meilleures heures de la journée y passent, et parfois on s'y attarde encore dans la soirée.

Le désir de connaître l'Evangile, de le lire, a fait naître le désir de s'instruire, au moins de s'instruire de manière à pouvoir lire notre *Boukou* ; aussi, pendant les semaines que Yosefa et Zébédée ont passées à Rikatla, bien des familles ont envoyé ici leurs enfants afin de profiter de l'école faite régulièrement par ce dernier. Les grandes personnes, elles, ne sauraient faire de longues absences, car les devoirs domestiques réclament leurs soins, et elles doivent se contenter de séjours relativement courts. A mi-chemin, par exemple, entre Rikatla et la ville, à droite et à gauche de la route, il y a deux groupes importants de convertis qui sont privés de ressources. Ces gens font à tour pour venir passer ici quelques jours ; rentrés à la maison, ils y répètent les enseignements qu'ils ont entendus, afin d'en faire profiter ceux qui étaient restés au logis ; c'est à cela qu'ils consacrent leurs dimanches dans leurs villages isolés. Dans ce moment, c'est la saison des semailles, et ils ne peuvent plus du tout s'absenter, en sorte que leur privation est plus grande encore que d'habitude. Que faire ? L'autre jour, un père de famille d'un de ces endroits vint vers moi et me demanda la permission de retirer de l'école sa fille (de quinze à seize ans) et de l'emmener avec lui à la maison. « Nous sommes très occupés aux champs maintenant, me dit-il, et personne de nous ne peut venir à Rikatla, c'est trop loin, et pour ne pas nous priver de l'Evangile, nous avons besoin de cette enfant qui sait lire le *Boukou,* et qui nous en fera la lecture tous les jours ; autrement, nos âmes n'auraient aucune nourriture. » L'enfant partit donc ; j'espère aussi que nous pourrons établir des visites régulières chez ces pauvres gens.

Ce zèle pour la lecture de la Parole est, du reste, très répandu, aussi bien chez les personnes

d'âge mûr que chez les jeunes, et il a produit
ce fait remarquable que les indigènes capables
de lire notre *Boukou* sont plus nombreux ici
qu'aux Spelonken, en sorte que les gens de Valdézia venus avec nous ont été émus à jalousie
et font à présent de grands efforts pour gagner
un bon rang. C'est ainsi que le *Boukou* a été
par lui-même un puissant moyen d'évangélisation, et la vérité s'est servie de ce faible instru-
ment pour manifester sa puissance et confondre
les choses fortes de ce monde.

Toutefois, tout n'est pas rose dans cette
Eglise naissante, et il faut bien que nous rele-
vions maintenant les ombres du tableau, avec
l'espoir que la vue de celles-ci provoquera dans
les Eglises de la mère patrie des prières sérieuses
en faveur de nos petits troupeaux.

Signalons d'abord l'absence d'ordre et de
règle dans la marche de l'Eglise : c'est un troupeau sans berger, plusieurs troupeaux, devrais-
je dire, et pas un pasteur. Yosefa, comme je l'ai
fait voir, demeure à une trop grande distance
pour diriger ce mouvement; il ne connaît pas la
moitié des néophytes, il ignore même le nom et
l'existence d'un grand nombre d'entre eux. Quant
à Eliachib, il est trop ignorant des choses de la
vie chrétienne et de la vie ecclésiastique; lui-

Dix ans plus tard : Le conseil d'Eglise de Lourenço Marques en 1897.

même, le confesse ingénûment, et se rappelle qu'il a vécu seulement un mois comme nouveau converti au sein de notre mission des Spelonken. Cependant lui et sa famille ont été la lumière de cette contrée ténébreuse, car ils ont fidèlement placé la chandelle en un lieu élevé, de manière à éclairer tout le monde. Sentant son incapacité, Eliachib laissait aller, et ainsi la vie des Eglises fut livrée à l'influence des impressions personnelles des individus : prêche qui veut ; telle est la règle, si c'est une règle. Je sais bien que cela paraîtrait un idéal, au moins théorique, aux yeux de beaucoup de chrétions de ma patrie, mais je doute qu'ils fussent toujours satisfaits des résultats de la pratique, à moins que leur enthousiasme ne les empêchât d'apercevoir l'ivraie mêlée au bon grain. Hâtons-nous de dire qu'ici un tempérament précieux a été apporté à ce fâcheux état de choses par l'esprit naturel des natifs, chez lesquels se trouve inné et profondément enraciné le principe de l'autorité. Où en serait cette Eglise sans cela ? Vraiment, je ne sais ; en tout cas, elle aurait fort dévié. Actuellement, les femmes prêchent beaucoup plus que les hommes, bien qu'elles reconnaissent à ceux-ci le droit de primauté ; et quant à la longueur des discours et des réunions, rien n'est plus variable; cela dépend des dispositions du ou des orateurs : en commençant leurs cultes, ils ne savent jamais si cela durera une demi-heure ou bien trois heures.

La discipline, on peut le prévoir, est presque nulle. Il est vrai que les membres les plus influents de la communauté censurent les fauteurs de scandales, mais personne n'est investi de l'autorité nécessaire pour faire davantage. Rien d'étonnant dès lors que la pureté des mœurs ait commencé à recevoir quelques accrocs, surtout au milieu de l'atmosphère impure de la ville portugaise. Je pourrais citer plusieurs néophytes qui croyaient pouvoir suivre leurs vieilles convoitises et maintenir en même temps leur profession de foi et leur place dans l'Eglise.

Par malheur, ce manque d'organisation a singulièrement favorisé le développement de l'orgueil spirituel et de l'esprit de domination, qui, à leur tour, ont bientôt produit de mauvais fruits; des jalousies et des divisions en sont résultées un peu partout, au Tembé, à Rikatla, à Lourenço Marques. La différence qu'il y a à cet égard entre l'Eglise de Corinthe et celle-ci, c'est qu'au lieu de dire : « Moi je suis de Céphas, moi d'Apollos, » on entend ici les propos suivants : « C'est moi qui prêche, c'est moi qui évangélise et qui dirige ; ce converti m'appartient, celui-là aussi, c'est moi qu'ils écoutent.... Les convertis d'un tel ne sont pas solides, ils retournent au paganisme.... » Les répliques ne se font pas attendre : « Toi, tu t'enorgueillis, tu te glorifies, tu t'élèves à tes propres yeux, Dieu te jugera !... » Et ainsi de suite.

Hélas ! il faut l'avouer : cet orgueil spirituel, comme un levain, a fait enfler toute l'Eglise ; il a gagné même les meilleurs. La preuve, c'est qu'ils me l'ont avoué après mes prédications. J'avais été frappé, quand ils évangélisaient les païens, de la teinte de supériorité et de mépris que leur ton révélait. « Vous êtes encore dans la chair et dans les ténèbres, et vous y périrez, si vous ne vous convertissez pas à la vie de l'Esprit. » Voilà le thème que tous répétaient sur tous les tons. Du reste, pour le dire en passant, le zèle pour l'évangélisation s'est un peu refroidi, et on ne voit plus les chrétiens parcourir les villages pour y annoncer la bonne nouvelle ; ils attendent les occasions, les rencontres fortuites avec les païens.

Naturellement, un grand nombre des cas où la discipline devrait s'exercer n'arrivent pas à la connaissance de Yosefa. D'autre part, j'ai la preuve que, lorsqu'il est appelé à prononcer,

il ne montre pas toujours le courage et la fer-
meté désirables ; il craint les conflits et les
luttes. Ensuite, le pauvre ami se trouve parfois
embarrassé dans les cas difficiles : un néophyte
lui demandait un jour son avis sur la conduite
à tenir dans une affaire personnelle touchant à
la morale ; Yosefa répondit : « Tu verras ce
que ton esprit te dira ; fais comme l'Esprit te
montrera. » L'autre ne fit rien.

J'en viens maintenant à un autre trait de la
vie de cette Eglise, savoir l'exaltation du sentiment religieux. Elle paraît d'abord dans le langage ordinaire, qui prend une forme pieuse à
propos de tout, même des choses matérielles les
plus simples. Ainsi on ne peut plus se saluer
sans faire de longues phrases sur la volonté de
Dieu et ses manifestations ; on ne dit plus de
quelqu'un qu'il a été malade, mais « qu'il a été
frappé de Dieu. » A une personne qui part,
vous demandez quand elle pense revenir :
« C'est Dieu qui le sait, » répond-elle sur un ton
doucereux particulier, tout en ayant dans sa
tête ses projets bien arrêtés. Quelque œuvre
qu'on ait faite, quelque parole qu'on ait pronon-
cée, « c'est l'Esprit qui l'a montrée, qui l'a dic-
tée. » Une personne qui va labourer dira qu'elle
va « travailler pour la chair, » sans s'apercevoir

du non-sens de son expression. « L'Esprit, la chair, » ces termes reviennent à tout propos dans les conversations. Qu'un langage constamment composé d'expressions pieuses fût employé par une communauté de chrétiens qui, tous, auraient atteint la perfection, je pourrais le comprendre en quelque mesure. Mais dans une Eglise dont chaque membre lutte encore avec la vieille nature pécheresse, il devient affecté, et bientôt on verra se produire de deux choses l'une : ou bien le sentiment religieux deviendra exalté, ou bien, au contraire, il s'affaiblira, et les phrases pieuses ne seront plus que des formules pharisaïques ; ou bien encore, la première alternative donnera peu à peu naissance à la seconde.

L'exaltation se montre presque dans chaque culte. Celui qui parle ou qui prie (il faudrait dire *celle* le plus souvent) s'anime en insistant sur son sujet ; l'émotion le gagne, sa voix tremble, les pleurs s'y mêlent, son émotion se communique aux auditeurs, les sanglots éclatent, de partout on les entend ; parfois même des cris déchirants ; bientôt c'est une telle clameur que l'orateur est obligé de se taire, puis, lorsqu'il croit pouvoir se faire entendre de nouveau, il reprend la parole ; s'il est lui-même rentré dans le calme, l'assemblée aussi se calmera peut-être, mais si l'émotion le maîtrise de nouveau, alors les sanglots reprendront de plus belle. Enfin, on termine la réunion comme on peut, et les plus troublés courent dans les champs pour y calmer leur agitation au sein de la solitude et par la prière.

Parfois, au milieu de l'émotion générale, une personne tombe à la renverse, et ses membres sont pris de mouvements convulsifs; elle n'articule pas une parole et ne donne aucune réponse si on l'interroge ; on s'empresse autour d'elle pour la soutenir et la relever. Une fois remise, elle raconte avec difficulté les merveilles que « l'Esprit » a faites en elle.

Dans le village de Jim Boy, il y a quelques mois, une jeune femme de l'Eglise s'annonça comme étant la « mère de Jésus, » et elle réussit à gagner plusieurs adhérents. Mais une ou deux de ses amies s'opposèrent à elle dès les premiers jours, puis elle fut sérieusement réprimandée par les plus anciens et les principaux membres de la communauté. Grâce à Dieu, elle ne tarda pas à reconnaître qu'elle avait été poussée par un mauvais « esprit, » et elle s'en humilia avec sincérité. Seulement, il ne fut pas si aisé de ramener à la vérité les personnes que son imposture avait égarées ; ces dernières furent troublées longtemps encore, et je crains qu'une où deux n'aient abandonné la foi pour retourner à la vie païenne.

Un jeune homme, d'abord très zélé, avait abandonné les assemblées. Un soir, au beau milieu d'une réunion, on le voit entrer ou plutôt se précipiter en pleurant et criant :

— Il me bat! il me bat!

Il tombe par terre, gémit et pleure, répétant toujours son cri :

— Il me bat !

— Qui donc ? lui demande-t-on.

— Jésus !

Puis il raconte qu'il voyait Jésus qui lui disait :

— Va à la réunion.

Ensuite il voyait Satan qui lui disait :

— Non, n'y va pas.

Puis il s'est trouvé sous les pieds de Satan qui le foulait et l'écrasait. Epouvanté, il prit la fuite et vint se réfugier dans l'assemblée. Dès lors, il fréquenta de nouveau tous les cultes.

C'est surtout au moment de la conversion des gens qu'il se passe des choses étranges. Relater ici les rêves extraordinaires que racontent beaucoup de néophytes nous mènerait trop loin, il n'y faut pas penser. D'ailleurs, les rêves et les songes se retrouvent très fréquemment dans la vie des indigènes ; c'est chez eux un phénomène très naturel, qu'il ne faudrait pas considérer comme anormal : tous les missionnaires ont à enregistrer des conversions où les songes ont joué un rôle marquant. Il n'est pas nécessaire de rien voir là d'exalté ; or, ce n'est que de l'exaltation religieuse que nous voulons nous occuper ici, et en voici un exemple pris parmi plusieurs.

Un certain dimanche de juillet, pendant ma prédication, je remarquai, au dernier rang des auditeurs, une femme qui avait un tic étrange : elle semblait écouter avec la plus grande attention, mais toutes les trois secondes environ, elle donnait un petit coup de tête en arrière, et ce mouvement s'accentuait davantage lorsque mon regard tombait sur elle. Le lendemain, Yosefa vint me raconter qu'au culte de famille, le soir, cette femme était fort agitée. Je le chargeai d'aller l'interroger et d'examiner son état d'âme. Quand il revint, il me dit que, pendant qu'il l'exhortait, elle avait été prise de mouvements saccadés avec la tête qui était jetée toujours davantage en arrière, jusqu'à ce qu'enfin la femme tombât à la renverse ; quand il voulut la relever, elle était toute raide, sans toutefois s'être fait aucun mal. Comme elle ne parlait pas, on l'arrangea pour la laisser au repos. Le soir, Yosefa vint me dire que la crise recommençait, et je me rendis au village. Tout le monde était autour du grand foyer ; on servait le repas, et la femme avait pris place au nombre des convives. Je reconnus bientôt qu'il n'y avait pas chez elle de maladie physique, et je recommandai qu'on fût calme autour d'elle, autant que bienveillant. Un autre soir, au culte de famille, nouvelle crise, plus forte que les précédentes ; après quoi, interrogée par Yosefa, elle raconta son histoire. Elle était arrivée le samedi, venant de Matholo ; elle est veuve et demeure avec ses enfants chez son frère. Evangélisée depuis longtemps par une femme chrétienne de son village, elle ne se laissait pas gagner. Dernièrement, elle tomba malade et prit le tic que j'avais remarqué. Les parents appelèrent les guérisseurs indigènes ; ils essayèrent toutes leurs médecines et leurs sorcelleries ; ce fut en vain. Une certaine nuit, la femme eut une vision ; c'était Jésus qui lui disait :

— Va te convertir à Rikatla, car je veux faire par toi une œuvre merveilleuse.

Après cela, elle dit à sa famille que rien ne

pourrait la guérir si ce n'est d'aller où l'on priait Dieu ; et quand on eut consenti à la chose, elle se mit en route et vint ici. Tel fut, en abrégé, son récit. Suivit un entretien qui l'éclaira sur divers points ; elle confessa ses péchés, désirant obtenir le pardon, et quand on put lui dire qu'elle était comptée au nombre des chrétiens, le tic et les crises ne firent plus d'apparition. Dès lors, cette femme est retournée à la maison, puis elle est revenue faire des visites ici, et son état n'a plus rien d'anormal.

A ces exemples il faut ajouter cette remarque générale, que les personnes en voie de se convertir ont volontiers l'idée qu'il faut une crise pour faire une conversion véritable ; et, en conséquence, elles viennent pleurer à une ou deux réunions avant de se déclarer pour le Seigneur.

L'exaltation a été érigée en système et on la force à suivre un chemin particulier. Evidemment, tous se figurent que c'est une bonne chose, ils sont bien loin de penser qu'il y ait le moindre mal là dedans ; ils n'ont pas conscience de ce qu'ils font, quoiqu'ils le fassent avec méthode !

La filière admise comprend les degrés suivants, d'après les détails que j'ai recueillis. 1° On doit se sentir « battu de Dieu, » soit par des remords, soit par des visions, soit par un accident ou une maladie. 2° Là-dessus, on doit pleurer aux réunions, mais fort, sangloter, crier même ou avoir une crise nerveuse. 3° Au troisième degré, Jésus vient, appelé par ces cris et ces pleurs ; il s'approche, il prend la personne troublée et lui montre le ciel ouvert, Dieu et sa gloire, en disant : « Crois, maintenant. » 4° Après cela, le néophyte vient raconter ses *massinguita*, soit prodiges de la puissance de Dieu, et on l'admet au nombre des « croyants. » Voilà le système. Un de ses principaux effets, c'est d'arrêter un grand nombre d'âmes qui voudraient se convertir, et qui attendent encore les massinguita, les révélations de « l'Esprit ; » ces âmes sont tenues à l'écart, et l'œuvre de Christ ne peut se faire en elles. Quelques-unes sauront s'en tirer, c'est-à-dire qu'elles se montent l'imagination jusqu'à ce qu'un phénomène nerveux se produise. Que devient alors le sens moral ? Il ne peut que se fausser, et c'est justement là un second effet du système. Il y en a encore un troisième, à savoir l'orgueil spirituel.

Si maintenant on se demande quelles peuvent être les causes de cette exaltation, il est facile d'en indiquer plusieurs. D'abord, ces pauvres gens sont encore d'une grande ignorance à l'égard des choses spirituelles, car qui donc aurait pu les enseigner ? Une seconde cause se trouve dans la vivacité du tempérament de la population, caractère que j'ai déjà relevé ci-dessus. Ensuite, l'évangélisation et la prédication de la Parole ont été faites jusqu'ici essentiellement par des femmes, et celles-ci y ont peut-être apporté une imagination et un sentimentalisme exagérés. Ceci donnerait aussi la clef d'une autre chose étrange, à savoir l'énorme disproportion entre le chiffre des hommes et celui des femmes dans cette petite Eglise ; les premiers en font à peine la cinquième partie ; celles-ci, au contraire, les quatre cinquièmes, circonstance évidemment fâcheuse pour une société religieuse qui devrait réunir des personnes des deux sexes en proportion naturelle.

Une cause enfin qui, si elle n'a pas amené cette exaltation, a été du moins favorable à sa croissance, c'est le caractère de l'évangéliste qui avait la charge de ces troupeaux. En effet, une grande bienveillance, une sensibilité féminine, une foi enfantine, une riche imagination sont l'apanage de notre brave Yosefa, et il faut regretter que ces belles qualités n'aient pas toujours été tenues en équilibre normal par le balancier de l'instruction : l'ignorance de Yosefa lui a joué le tour. Il s'est trompé, et a pris des influences nerveuses pour l'œuvre du Saint-Esprit ; il a cru que toute émotion était de bon aloi. Ne comprenant rien à ce qu'il voyait, et, d'autre part, sentant son ignorance, il a pris d'abord une attitude que j'appellerai de réserve sympathique. Puis son extrême sensibilité l'a fait verser du côté de l'admiration émue. Malgré ses quarante à cinquante ans, il est souvent vaincu par son émotion, même au sein de circonstances assez ordinaires ; alors, il pleure en prêchant et l'auditoire est entraîné. Rien n'est plus simple que ces entraînements, et s'ils faisaient du bien dans l'Eglise, je ne manquerais pas de les cultiver. A Valdézia déjà, malgré le caractère plus calme des gens, il m'est arrivé plusieurs fois de parler à un auditoire ému où des sanglots ont éclaté, et il m'eût été facile de battre le fer pendant qu'il était chaud et d'amener des scènes comme celles décrites ci-dessus. Je puis remonter plus haut encore : cela m'est arrivé autrefois au Lessouto. Mais je crois, et vous êtes sûrement de mon avis, que contenir l'émotion de l'assemblée, et déposer les auditeurs au pied de la croix, vaut beaucoup mieux qu'un entraînement général qui, après avoir « commencé par l'esprit, » est en danger de « finir par la chair. » (Gal. III, 3.)

Quinze ans plus tard :
La conférence des missionnaires du Littoral
sous le porche de la chapelle de Lourenço Marques en 1902.

Qu'est-il arrivé en effet ? Aujourd'hui, bien des néophytes s'imaginent que ces émotions sont l'essentiel de la vie chrétienne. Ensuite Yosefa, croyant voir là des effets de la puissance de l'Esprit-Saint, s'est mis, inconsciemment sans doute, à prêcher surtout, presque toujours, la vie de l'Esprit en opposition à la vie de la chair. Les autres chrétiens qui évangélisaient ont suivi son exemple, et, peu à peu, le salut est apparu comme un simple passage d'une vie charnelle à une vie spirituelle. Bien des conversions se sont faites dans ces conditions ; on entrait dans la « voie étroite » sans passer par la « porte, » sans éprouver de contrition ni de repentance : système aisé pour la chair, mais peu sûr quant au résultat final. On était sanctifié avant d'avoir été justifié. Naturellement, plusieurs n'avaient aucun sentiment de leurs péchés. Ils se reconnaissaient bien membres d'une race pécheresse, mais ils n'avaient pas pensé à leurs fautes personnelles. Ceux-là auront évidemment à rebrousser chemin pour passer par la porte étroite de l'humiliation.

Dans les prédications que j'ai entendues de Yosefa, les pensées du péché, de la pénitence, de la repentance, du jugement, n'ont jamais été développées ; et même la croix de Christ n'était pas mise en relief. J'ai été obligé de l'y rendre attentif, et j'ai profité de l'occasion pour donner une leçon à tous mes collaborateurs indigènes sur le fond de la prédication, d'après 1 Cor. III, 9-15.

Cela dit, c'est un plaisir pour moi que de rendre hommage au travail sérieux et dévoué de Yosefa. Son ignorance n'est pas un péché, qu'est-ce qu'il y pourrait ? Il a usé de la sagesse qu'il avait, et, certainement, il a fait du mieux qu'il a pu. Si l'Eglise a commencé à dévier, on ne saurait lui imputer aucune responsabilité. D'ailleurs, c'est à Lourenço Marques et au Tembé qu'il y a le plus de mal, c'est-à-dire dans les localités dont Yosefa est le plus éloigné, si éloigné qu'il n'y pouvait presque rien faire. La responsabilité serait plutôt retombée sur notre Mission, si elle avait tardé davantage d'envoyer un missionnaire au littoral.

Vous voyez qu'il y a beaucoup d'ouvrage à remettre ici tout à droit. Au premier abord, la difficulté de cette tâche m'a un peu effrayé, et je trouve fort regrettable que vous n'ayez pas envoyé un ouvrier mieux qualifié à ma place ; je tremble de faire du mal où il faudrait faire tant de bien, d'autant plus que je vois l'ennemi me tendre des pièges de tous les côtés. Veuillez vous en souvenir dans vos prières. Nous désirons être des instruments dociles dans la main du Seigneur, faibles sans doute, et toujours plus, pourvu que ce soient des instruments sanctifiés, qui permettent à la puissance de Dieu d'agir.

M. et Mme Berthoud à Lourenço Marques
d'après une photographie prise quelques mois avant la mort
de Mme Berthoud.

TABLE DES ILLUSTRATIONS

TABLE DES MATIÈRES

Appendice.

ERRATA

Page　4, ligne 7, au lieu de *juin* lisez *avril.*

　» 167, sous la gravure, lisez : *Paulus, Jim, Philémon.*

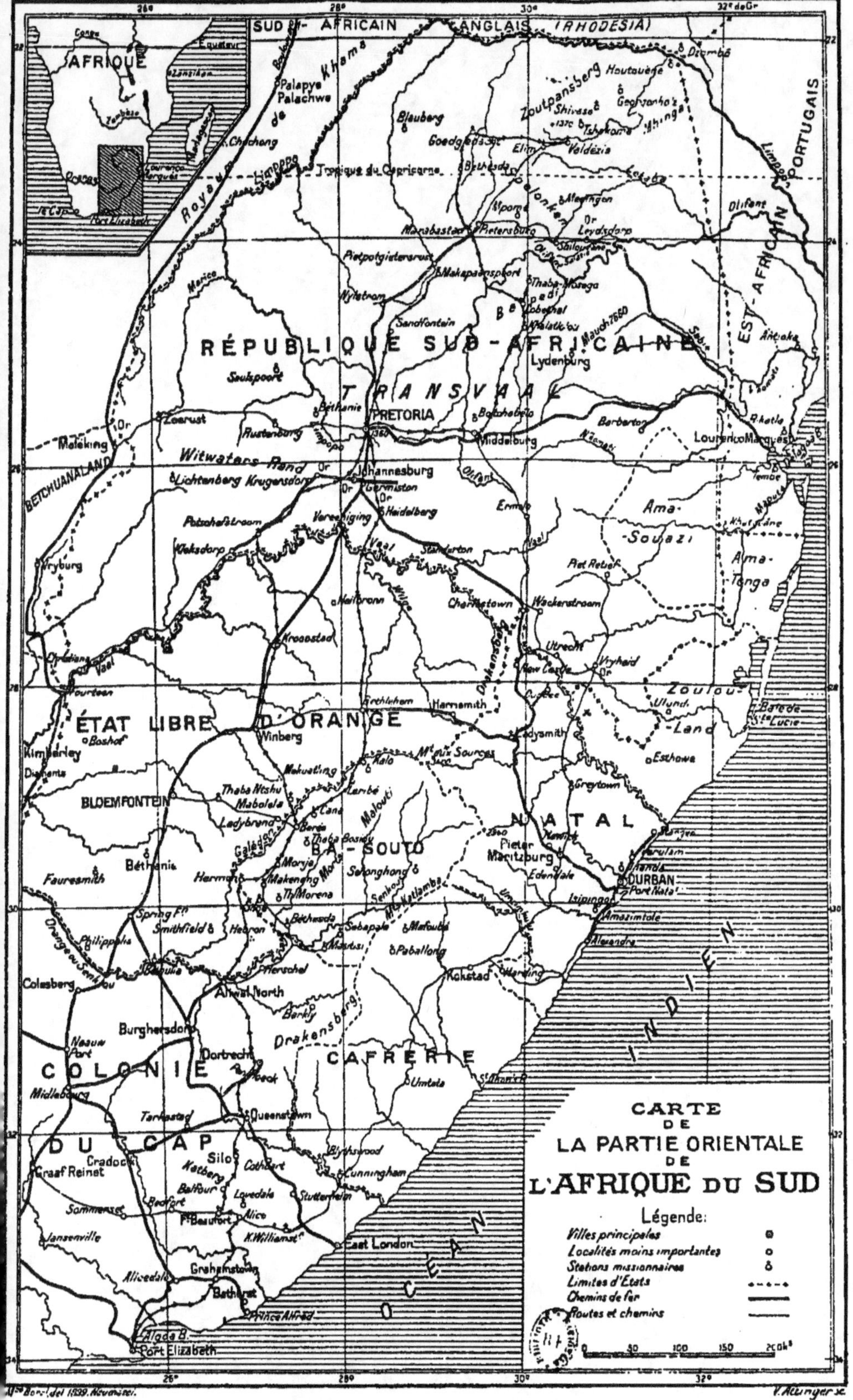

AFRIQUE
SUD-AFRICAIN ANGLAIS (RHODESIA)
EST-AFRICAIN PORTUGAIS
Zoutpansberg
RÉPUBLIQUE SUD-AFRICAINE
TRANSVAAL
Tropique du Capricorne
PRETORIA
Witwaters-Rand
Johannesburg
Germiston
Heidelberg
Vereeniging
BETCHUANALAND
Mafeking
Vryburg
Lourenço Marquès
Ama-Souazi
Ama-Tonga
ÉTAT LIBRE D'ORANGE
BLOEMFONTEIN
Kimberley
BA-SOUTO
NATAL
Pieter Maritzburg
DURBAN
Port Natal
Zoulou-Land
OCÉAN INDIEN
COLONIE DE CAFRERIE
DU CAP
Graaf Reinet
East London
Grahamstown
Algoa B.
Port Elizabeth
CARTE
DE
LA PARTIE ORIENTALE
DE
L'AFRIQUE DU SUD
Légende:
Villes principales
Localités moins importantes
Stations missionnaires
Limites d'États
Chemins de fer
Routes et chemins
0   50   100   150   200 kil